Treasures for Scholars Worldwide

广西优秀传统文化
出版工程

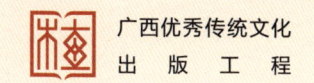

石刻里的广西

山水人文卷

鲍 刚 著

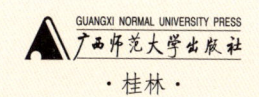

广西师范大学出版社
·桂林·

石刻里的广西 山水人文卷
SHIKE LI DE GUANGXI SHANSHUI RENWEN JUAN

图书在版编目（CIP）数据

石刻里的广西. 山水人文卷 / 鲍刚著. -- 桂林：广西师范大学出版社，2024.12. -- ISBN 978-7-5598-7712-3

Ⅰ. G127.67-49

中国国家版本馆 CIP 数据核字第 2024LP1610 号

广西师范大学出版社出版发行
（广西桂林市五里店路 9 号　邮政编码：541004）
　网址：http://www.bbtpress.com
出版人：黄轩庄
全国新华书店经销
广西广大印务有限责任公司印刷
（桂林市临桂区秧塘工业园西城大道北侧广西师范大学出版社
　集团有限公司创意产业园内　邮政编码：541199）
开本：880 mm×1 230 mm　1/32
印张：6.625　　　字数：137 千
2024 年 12 月第 1 版　2024 年 12 月第 1 次印刷
定价：36.00 元

如发现印装质量问题，影响阅读，请与出版社发行部门联系调换。

总　序

◆

广西地处中国南部，区位优越，东邻广东、西通云贵、南接越南，在中国与东南亚的政治、经济、文化交往中一直占有重要地位。广西这片土地不仅山川秀美、历史悠久，更因多民族的交往交流交融，绘就了璀璨的文化图景。

石刻作为一种独特的文化载体，承载着广西千百年来的历史记忆、文化传承与艺术精髓。广西石灰岩资源丰富，分布广泛，石质坚硬，便于雕镌。在尚未有文字记载的时代，广西先民就已学会在崇左花山等山岩崖壁上描绘日常生活场景，表达思想感情与艺术想象。广西现存最早的石刻，应是南朝刘宋时期的石质买地券，但刻碑风尚至少可上溯至东汉时期，东汉末建安二十一年（216）曾任零陵郡观阳长（观阳即今桂林市灌阳县）的熊君墓碑，虽立于今湖南永州市道县境内，但说明当时刻碑风气已在零陵郡一带广泛流行。

石刻在广西地区的广泛分布，不仅展现了中华文明在边疆地区扩散传播的轨迹，也是多民族交往交流交融的重要见证，为铸牢中华民族共同体意识发挥了不可替代的作用。广西历史石刻分布地域广泛、数量繁多，堪称通代文献渊海。自唐宋以来，广西刻石之风气经久不衰，至今留存了极为丰富的石刻文献，广西也因此成为中国石刻较为集中、特点鲜明的地区，素有"唐碑看西安，宋刻看桂林"的说法。广西石刻文献内容价值主要有珍稀性、系统性与普适性三个特点，石刻类型至少包括摩崖、碑碣、墓志、塔铭、买地券、画像题字、造像记、器物附刻等，石刻文体至少包括碑、墓志、颂、赞、铭、纪游、诗、词、文、赋等。晚清金石学家叶昌炽曾赞叹"唐宋士大夫度岭南来，题名赋诗，摩崖殆遍"，其中最有代表性的石刻，如桂林龙隐岩的《元祐党籍碑》、柳州柳侯祠内的《荔子碑》，以及桂林王城独秀峰读书岩上的王正功《鹿鸣宴劝驾诗》等。

近些年来，广西壮族自治区党委宣传部启动广西优秀传统文化出版工程。委托广西师范大学出版社策划并组织专家撰写这套《石刻里的广西》丛书，是目前国内为数不多的广西石刻丛书。本套丛书选题特色鲜明，通过挖掘广西丰富的石刻文献资源，讲好石刻里的广西历史故事，积极推动广西地区中华优秀传统文化的创造性转化、创新性发展。

本套《石刻里的广西》丛书共有十卷，包括《石刻通论卷》《历史名人卷》《山水人文卷》《民族融合卷》《文化教育卷》《水陆交通卷》《经济商贸卷》《科学技术卷》《摩崖造像卷》《书法艺术卷》。每一卷选取一些具有代表性的广西石刻，采取雅俗共赏、图文并茂的方式，用通俗的语言介绍石刻基本情况、解读石刻内容，讲述石刻背后的历史人物故事，揭示石刻背后的政治经济关系、山水景观塑造与文化交流网络等。

  同时，我们也希望通过这套《石刻里的广西》丛书，引导更多人关注与保护广西石刻，让广西这些珍贵的文化遗产得以永续传承，并实现转化利用。

  是为序。

江田祥

前　言

"桂林山水名天下，发明而称道之，则唐宋诸人之力也，美不自美，因人而彰，独山水也欤哉"（光绪《临桂县志》"山川志·序"），道出了山水与人的关系。广西通江达海，有奇山秀水，历代文人墨客登山临水探穴寻胜，留下了众多山水石刻，正如清代金石学家叶昌炽评价桂林石刻"唐宋士大夫度岭南来，题名赋诗，摩崖殆遍"（《语石》）。除桂林外，广西各地古今名胜之区也都拥有或多或少的山水石刻遗存，如柳州市区的马鞍山、鱼峰山、驾鹤山，融水老君洞，宜州会仙山、南山寺，贵港南山寺、桂平西山，北流勾漏洞，等等。

广西山水石刻历史悠久，在桂林芦笛岩中留存有南朝齐武帝永明年间（483—493）的游览题记"永明□□八月戊戌□□同游"，另外还有唐代贞元六年（790）王淑等四人题名、"柳正则、柳存让、僧志达，元和元年（806）二月十四日同游"、"无等、僧怀信、无业、惟则、文书、惟亮，元和十二年（817）九月三日同游记"、"元和十五年（820），僧昼、道臻"（《芦笛岩大岩壁书》[内部资料]）。这些壁书可视为摩崖石刻的初始形态。文献中记载的最早的摩崖石刻是位于今桂林七星岩洞口的隋代高僧昙迁题"栖霞洞",石刻已毁,未见拓片。唐代广西分桂、容、邕三管,唐代广西的地方长官对当地山水表现出浓厚的兴趣,桂管观察使兼桂州刺史李昌巙、元晦,桂州刺史李渤在桂林开发了独秀峰、叠彩山、宝积山、隐山和南溪山;柳州刺史柳宗元《柳州山水近治可游者记》,对柳州附近有游览价值的山水做了简要介绍,相当于一份旅游攻略;容州刺史元结兴建了经略台,在梧州命名了"冰泉",撰写了《冰泉铭》。山水营建和游览活动的频繁,使有关山水开发和赏游的题刻逐渐增多,目前已知的唐代山水题刻均在桂林,包括市区及兴安县。清嘉庆年间谢启昆《粤西金石略》(嘉庆辛酉[1801]刊本)收录了《独秀山新开石室记》《孟简题名》《李渤南溪诗》等唐代山水石刻近10件,该书未收而见于其他文献者亦近10件。如显庆四年(659)刻于七星岩洞口的"玄玄栖霞之洞",作者佚,摩崖已毁,亦未见拓片。又如位于桂林隐山刻于宝历元年(825)的吴武陵《隐山游记》。另外,在兴安县乳洞岩有多件唐代摩崖,[1]这些石刻均为刻画而非工匠专门刊刻而成,应当是当时的游览者现场用硬物刻成,包括广州刺史卢贞题名、桂管观察使韦瓘题《三乳洞诗》、岭南节度使卢钧题名等。

五代十国之际,广西分属南汉和马楚政权,这段时间石刻数

---

[1] 关于乳洞唐代石刻数量,日本学者卢崎哲彦在《唐代岭南文学与石刻考》(中华书局,2014)一书中列举了6件,分别是僧元约题名、元繇题名、卢贞题名、赵某《题全义乳洞》诗、元晦题名、韦瓘题《三乳洞诗》。他还认为"兴安乳洞岩多有唐代摩崖石刻,从数量上可以说是当之无愧的全国第一"。之后又新发现卢钧题名(《桂林石刻文化》,广西科学技术出版社,2018)。

量极少，内容也多与佛教有关，如刻于南汉大宝二年(959)的《新开宴石山记》，原位于今博白县宴石寺，已佚，拓片藏广西壮族自治区博物馆，碑刻反映宴石山当时扩建寺院、新建道观事。另外在桂林轿子岩和金山龙泉寺遗址分别有马楚和南汉时期的造像记。虽然造像记并未被认为是山水石刻，但足以证实其时已经有人为开辟的痕迹。

宋广西为广南西路之地，北宋含25州、3军、65县，南宋时2府、20州、3军(《宋史·地理六》)，其中包含今海南全部，广东、贵州部分。多级行政区划完备，官僚数量增加。从大背景来看，宋代文化繁荣，经济发达，游山玩水形成了新热潮，宋代是山水开发和游览的高峰，在广西各地均形成了一个山水开发的高潮。虽然宋代的广西，经济社会有较大的发展，但在时人心目中仍属瘴疠之乡，"人畏往，甚于流放"(《朱晞颜跋刻〈龙图梅公瘴说〉》)，而事实上来兹土者也多为迁客流人。他们或寄情山水，纾解心中抑郁，而山水开发也成了官员们的政绩之一，他们竞相以主官之名来命名山水，如在桂林有曾公岩、程公岩、吕公岩、张公洞等。在这样的氛围下，桂林近城山水几乎被开发殆尽，南宋初年赵夔作《桂林二十四岩洞歌》，列举了宋人开发或常游的伏波岩等十二岩、栖霞洞等十二洞，而这些只是其中的一部分，还有"许多佳致卒难题，留与词人赓雅咏"。范成大《桂海虞衡志》"志岩洞"中讲到桂林岩洞有名可纪者三十余所。融水真仙岩，在宋代有"天下第一真仙之岩"的美誉。山水游览风尚的兴盛带来了山水题刻的繁荣，杨翰《粤西得碑记》中说"粤西古刻多矣,虽无秦汉金石,晋唐存者亦稀,然宋人迹最多",叶昌炽称赞道"唐宋题名之渊薮,以桂林为甲""(桂林)诸山无一处无摩崖,唐宋石刻莫多于此"(《语石》)。广西现存宋代石刻约700件,分布于全区桂林、柳州等12个市,[1]足以说明宋代石刻分布之广。在众多宋代石刻中,山水纪游石刻占绝大多数。以桂林石刻为例,山水相关的题刻占到了全部宋代石刻的79.2%。广西宋代山水石刻数量大,名家众多,质量高且多为词翰俱佳之作,叶昌炽评价说:"其词皆典雅可诵,其书皆飘飘有凌云之气。"现存最早的是桂林普陀山元风洞口柳开的《玄风洞铭》,刻于淳化元年,公元990年。其后作山水石刻者有李师中、余靖、陶弼、米芾、曾布、关杞、李彦弼,南渡后又涌现出李邦彦、王安中、张孝祥、范成大、张栻、詹仪之、徐梦莘、方信孺、李曾伯等,其中有曾位居宰辅者,有一代名臣、理学大家,也有词坛领袖、书法宗师。《米芾、潘景纯还珠洞题名》是米芾早年书法真迹,在龙隐岩的诗则是其书法成熟期的佳作。张孝祥是著名的状元词人,在兴安乳洞、融水真仙岩皆有题榜,在桂林的《朝阳亭记》《朝阳亭诗》更是文辞与书法俱美。范成大为南宋名臣,"中兴四大诗人"之一,他的《碧虚铭》、《壶天观铭》(已毁,存拓片)、《复水月洞铭》不仅内容可读,书法也可当作法帖。

宋代山水题刻体裁丰富,有题名、题记、诗词、赋、铭和歌,

---

[1] 石刻数量引自《石语墨影——广西古代石刻选萃》(林京海、韦卫能等编著,广西科学技术出版社,2014);地区分布据《石语墨影》数据重新统计。原书中将设区市、县级市、县并列,共有"30多个市、县",本文按照设区市来统计地域。

以题名和题记为多，这二者也最为古人看重，叶昌炽在《语石》中评价题名（包括今天的题名和题记）：

登彼西山，岘首留名之想。送君南浦，河梁赠别之言。或萧寺笼纱，续僧寮之佳句。或苔床拂藓，记仙洞之游踪。况夫游子山头，逐臣泽畔。冷泉判事，佺偬余闲。炎徼投荒，凄凉终古。于斯时也，山川登眺，俯仰兴怀，选石留题，以纪鸿爪。其人其字，大都出自雅流。某水某山，从此遂留古迹。姓名年月，皆考证之攸资。子弟宾僚，亦牵连而并录。此唐以后石刻，惟题名为可宝也。

宋代人将科学精神融入游山玩水之中。梁安世游览桂林岩洞时对钟乳石产生了兴趣，并对成因做了科学的解释（《乳床赋》）；陶弼游三海岩，发现其中有螺蚌等海生动物化石，据此推断这里在上古时期为大海（《明重刻宋陶弼〈题三海岩〉》）。宋代石刻作者多高产，方信孺在桂林、临桂华岩、兴安乳洞、宜州、鹿寨等处有山水题刻20余处，张孝祥在桂林、兴安乳洞、融水真仙岩有题刻10余件，朱晞颜、詹仪之、吕愿中均留有10余件石刻，陈谠在桂林留题2件、贵港南山寺留题3件，谭掞在桂林有游览相关石刻7件、在象州六祖岩有1件，在桂林还珠洞、平乐迎仙洞、北流勾漏洞都出现过谭惟寅题刻。此外，宋代石刻大都刻工精美，令人赏心悦目。

元代国祚不长，整个广西目前发现的元代石刻数量不多，《中国西南地区历代石刻汇编》第四册《广西省博物馆卷》中收录元代石刻拓片27件，《石语墨影》统计元代石刻约有50件，《桂林石刻碑文集》收录元代石刻有45件，《灵川历代碑文集》也收了6件元代碑刻，由此可见，元代广西石刻数量不少于70件。广西元代石刻绝大部分与山水有关，位于今桂林市、南宁市、柳州市、贵港市、柳州市融水县、北海市合浦县、桂林市兴安县、玉林市北流市等地，其中以桂林市和融水县为主。贵港南山寺有元文宗书"南山寺"（原碑佚，存拓片），妥妥穆尔允中等人在桂林叠彩山风洞的题记表达了"后之视今，得不如今之视昔乎"的感慨。

明代广西社会经济文化进一步发展，文人士大夫交友赏景活动频繁。明代石刻存世数量较多，[①]《桂林石刻碑文集》收录494件。明代石刻仍以山水题刻为主流，明代山水题刻的一个重要特点是题诗为主，题名和题记较少，这与宋代石刻形成了鲜明对比。明代山水石刻的作者群体较为广泛，除了官僚文人外，尚有大量的武将，他们在征战之余多与地方官员聚会交流，登山临水，酬唱题咏。著名的有顾兴祖、柳溥、张祐、王尚文、王鸣鹤、俞大猷、刘绥、李应祥、童元镇等，其中张祐在桂林题诗及题榜共7件、在忻城白虎山2件，王鸣鹤在桂林诸山题刻8件。明代广西本土知识分子数量比前代大大增加，涌现出一批取得各级功名、出仕为官者，他们居乡期间或成为官员们的座上宾，或自己优游林泉，刻石留题，以纪游踪。桂林人包裕，官至云南按察司副使，

---

① 《石语墨影——广西古代石刻选萃》统计广西现存明代石刻在700件以上。

辞官归里后与靖江宗室及省城官员交流密切,共同唱和。官至首辅的蒋冕,罢政后在全州家乡享受闲人野老的生活,常游家乡的龙隐岩并题诗刻石。此外还有靖江王及其宗室诸人及宦官。明代靖江王分藩桂林,历代繁衍,形成了一个人数可观的群体,其中不少藩王和宗室热衷以山水自娱,留下不少石刻。此外还有宦官群体,明朝不仅以宦官出使地方,同时还任用其出镇地方,明代有专门的宦官教育机构,他们当中不少人具有一定的文学修养,在桂林以陈彬、傅伦为代表的宦官群体,留下了记载其游踪、山水建设的石刻30余件。明代广西地区土司文化水平提高,朝廷规定土司承袭后要先学礼仪才能管事,土司子弟被要求送学读书,还能入国子监。不少土官都具备一定的文化素养,由土司创作的石刻成为一个新的亮点。在凌云、马山、大新、南丹等地都保存了土司石刻。明代也是民族关系比较复杂的一个朝代,少数民族反抗活动激烈,几乎贯穿整个明王朝,反映在石刻上面,就是有分布范围较广、数量较多的"平蛮碑"。很多赏游题刻,也与相应事件有关,如忻城白虎山14件明代石刻,主要是嘉靖及万历年间明廷镇压八寨起义的主要参与者战后游览题诗,同时上林三里镇也有相关石刻。宜州大八仙山是正统、弘治间朝廷镇压当地起义的驻军之地,其崖壁间的石刻或纪功,或纪游,均与这件历史事件相关。作为省城的桂林,同样不乏类似的石刻,《闵珪龙隐岩纪游诗并记》是弘治五年(1492)"大征古田"班师后两广总督闵珪与镇守两广太监王敬、镇守两广总兵伏羌伯毛锐、镇守广西太监王廉等人同游龙隐岩所作。此外,明代山水诗歌中唱和诗数量众多，多人唱和或用前人韵追和的风尚流行，这也是明代石刻的一个特色。

清代的广西，经济、社会都有了长足发展，文化兴盛，同时清代又是距离今天时间最近的一个朝代，故而能保存更多的石刻。根据现有资料估计，清代广西石刻数量应该远远大于2000件。① 其分布范围也十分广泛，清代有大量石刻分散分布于广大乡村地区，其数量难以准确统计。广西清代石刻题材丰富，摩崖石刻仍以题名、题记、题榜、诗词歌赋为主，碑碣石刻则以记事、捐资、告示、禁约、诰封等为大宗。摩崖石刻中山水赏游题咏依旧占据主要地位，记事、捐资类的碑碣石刻有不少也涉及山水景观营建。

广西清代石刻又一个突出特点是本土作者数量大大增加。清代广西进士585人，② 超过了之前历代总和，有大量取得其他各级各类功名者，"一县八进士，三科两状元"、"同胞三翰林"就是清代广西科举盛况的体现。这些地方精英在社会生活的方方面面都是领导力量，热衷地方景观开发建设。清代一些偏远的地方也出现了开发热潮，相关的石刻也随之出现。如桂林兴安县穿岩清至民国摩崖石刻、临桂四塘横山村一品峰摩崖石刻（为陈宏谋家

---

① 《石语墨影》统计清代广西石刻约2000件。近年来随着对碑刻研究的重视，各地有不少新碑刻被发现。《桂林历史文化大典》记录桂林现存清代石刻441件，各县区唐至民国碑刻1600多件。其中清代占大部分。据彭众"桂东北民族地区碑刻文化保护与传承研究"课题调查结果，贺州地区现存清代石刻1000多件。
② 杨东甫：《清代广西进士之名次与人数》，《广西文史》2014年第3期。以今天广西政区范围统计。

族成员所题刻)、南宁雷婆岭摩崖石刻等，雷婆岭清代摩崖石刻的作者主要是当地监生、贡生、武生、庠生等，少量"外来者"也是广西籍，如灵山等南宁附近州县人士。①

清代榜书类石刻数量在摩崖石刻中的占比较前代有明显提高，桂林独秀峰有清代摩崖石刻66件，其中榜书有24件，超过1/3。南宁雷婆岭确认年代为清代的摩崖石刻16件，榜书10件。②与宋代时题榜大都作为匾额之意不同，清代的榜书则更多是用凝练的二、三、四个字甚至更多的文字概括山川美景的特点，表达作者的感情。俞徵、李雍、李质等三人在桂林独秀峰、叠彩山等处题榜达10件，皆以二字表现作者面对不同景观的情感。

清末，西方列强对中国侵略加剧，清王朝国门洞开，面临着严重的主权和领土危机。广西作为边境省份与越南接壤，在越南成为法国殖民地后，直面法国侵略者，中法战争后，清廷加强边防，广西提督苏元春奉命筹边，于大连城要塞开发白玉洞，兼具指挥中枢和休憩功能，其间有大量游览题刻。这些石刻也是我国反抗侵略、建设边防的见证。此外，在桂林也有林德均题《边防有感》，及韦业芬光绪十六年（1890）作于连城的诗，此诗由友人寄回家乡桂林并勒石于虞山。这些，已是接近桂林山水石刻的尾声。

---

① 黎文宗、胡章华等：《邕宁雷婆岭摩崖石刻的调查与研究》，《广西文博》（第三辑），广西师范大学出版社，2020。
② 黎文宗、胡章华等：《邕宁雷婆岭摩崖石刻的调查与研究》。

目 录

- 山水开发

桂林山水开发的开山之作　　　　　　　　2
　　——唐郑叔齐《独秀山新开石室记》

南溪山的旅游开发　　　　　　　　　　　6
　　——唐李渤《南溪诗并序》

叠彩山旅游的开山之作　　　　　　　　　10
　　——唐元晦《叠彩山记》

延续千载的盛宴　　　　　　　　　　　　15
　　——南汉刘崇远《新开宴石山记》

胜地重光　　　　　　　　　　　　　　　18
　　——宋《宋咸等游华景洞题名》

留在桂林山水间的不平　　　　　　　　　22
　　——宋李师中《蒙亭记》

宰相遗泽　　　　　　　　　　　　　　　26
　　——宋刘谊《曾公岩记并陈倩等七人唱和诗》

追寻柳宗元的足迹　　　　　　　　　　　30
　　——宋丘允《仙弈山新开游山路记》

一位受处分官员的贬谪之路　　　　　　　34
　　——宋李邦彦《三洞记》

七星岩的神仙故事 39
——宋范成大《碧虚铭》

舜帝恩泽传千古 43
——宋张栻《韶音洞记》

胜迹永流传 46
——宋易袚《真仙岩亭赋》

合浦遗珠 50
——元范梈《海角亭记》

古代的自然景观保护 55
——元郭思诚《新开西湖之记》

靖江王的精神世界 59
——明朱佐敬《独秀岩西洞记》

沧海桑田的见证 63
——明重刻宋陶弼《题三海岩》

只令邕南忆董公 67
——明徐浦题"董泉"

武夫也有山水癖 72
——清杨彪《重修白龙洞记》

白云深处有佳境 76
——清宦儒章《白云洞记》

吕洞宾在桂林的印迹 80
——清刘名廷《吕仙楼记》

石刻中的长寿故事　　　　　　　　　　　　　**84**
　　——清杨奎《宁寿亭记并诗》

一个士绅心中的仙道　　　　　　　　　　　　**88**
　　——清李燕昌《重修勾漏洞天记》

天南杰构　　　　　　　　　　　　　　　　　**92**
　　——清陈师舜《重修真武阁记》

一位戍边将领的山水情结　　　　　　　　　　**96**
　　——清李星科《白玉洞记》

● **山水赏游**

一位基层官员的山水观　　　　　　　　　　　**102**
　　——宋林毅《游西山诗并序》

一次不止为赏景的出游　　　　　　　　　　　**106**
　　——宋张庄《清秀山题诗并记》

宋朝人的桂林一日游　　　　　　　　　　　　**111**
　　——宋《蔡悸等六人还珠洞题名》

遗留在山水间的友谊　　　　　　　　　　　　**115**
　　——宋张孝祥《朝阳亭记》

寻找桂林的隐逸文化　　　　　　　　　　　　**119**
　　——宋詹仪之《题招隐亭落成记》

六祖广西留圣迹　　　　　　　　　　　　　　**123**
　　——宋《赵国宝等三人六祖岩题名》

张自明与宜州的传奇故事　　　　　　　　　127
　　——宋张自明《南山寺题诗并序》

一位抗蒙名将的闲暇时光　　　　　　　　131
　　——宋李曾伯《隐山题诗并记》

漓江边的明珠　　　　　　　　　　　　　135
　　——明王宗沐《冠岩题诗》

秀甲贵港有南山　　　　　　　　　　　　139
　　——明张佳胤《游贵县南岩记》

《元祐党籍碑》引来的观碑潮　　　　　　143
　　——明《朱子清等龙隐岩题名》

进山过寿为哪般？　　　　　　　　　　　147
　　——清阮元《隐山铭》

● **山水品题**

山水未必是家乡好　　　　　　　　　　　154
　　——宋《谭掞品题龙隐岩题记》

宋代的桂林旅游指南　　　　　　　　　　158
　　——宋赵夔《桂林二十四岩洞歌》

范成大的较真　　　　　　　　　　　　　162
　　——宋范成大《复水月洞铭并序》

"桂林山水甲天下"的出炉　　　　　　　166
　　——宋王正功《鹿鸣宴劝驾诗》

方信孺的别墅
——宋方信孺"碧桂山林"榜书　　171

天下西山多胜迹
——清曹秀先《游西山记》　　175

传统山水审美的结晶
——民国胡柽、张衍曾《富川八景》诗　　179

近代风云的见证者
——民国岑春煊《雁山园记》　　183

山水开发

桂林山水开发的开山之作
——唐郑叔齐《独秀山新开石室记》

唐大历八年（773）李昌巙出任桂管观察使兼桂州刺史，李昌巙在正史中并无记载，只知道他是李唐宗室。一些笔记小说中零散记录他的轶事，《大唐传载》记载了他的豪奢，说李昌巙在荆南（治今湖北荆州）任职时，喜欢大张旗鼓地外出打猎。他的夫人独孤氏也有样学样，组织2000人的女子队，穿着鲜艳的衣服，配华丽的马鞍，一城财富为之耗空。《文载小传》则记录了李昌巙与诗人戎昱的故事，显示了他的爱才。唐代诗人戎昱曾流寓桂林，家就在李昌巙的隔壁。有次戎昱月夜吟诵，李昌巙听到吟诵之声清悠流畅，吐字清晰，很是诧异，寻访之后知道是戎昱，于是就聘其为幕僚。后来戎昱竟然在宴会上调戏李昌巙的侍女，李知道他的心意，不仅不怪罪，还将侍女赠送给戎昱。大历十二年（777）平定"西原蛮"——唐代所谓"西原蛮"并未有明确指向，大概是今天广西西南部一带的少数民族，"西原蛮"有宁、黄、侬、韦、周等姓，各立首领，经常与唐朝发生冲突——之后，地方出现了暂时的安宁，李昌巙将精力转向了地方社会恢复和文化建设上，其一是重修位于虞山下的舜帝庙，另一件即于独秀峰下建孔庙、学校，开发独秀山。由郑叔齐撰《独秀山新开石室记》刻于独秀峰读书岩上方崖壁，即在这一时期。

桂林历史上明确可考的城市位置基本没有变动，均可以独秀峰作为参照。《桂林风土记》记载，独秀峰在外城中，位于子城（唐代桂林内城）正北方百余步，是平地突起的孤峰，山下有岩洞。从前有南朝宋名儒颜延之的读书亭，唐代后成为官署。因为常常闹出一些灵异事件，居住在此处的人不得安宁，再后来就废弃了。独秀峰对桂林意义重大，范成大称其为桂林主山。历代对独秀峰的吟咏称赞不绝，唐代张固赞其："孤峰不与众山俦，直入青云势未休。会得乾坤融结意，擎天一柱在南州。"宋人周渭称"天锡卦爻分象外，地将圭笏出人间"，袁崇焕曰"南天撑一柱，其上有青天"。到了清代，各种赞美其挺拔雄壮之词刻满整座山，如"南天一柱""秀夺群峰""拔地参天"等。

根据宋代《静江府城池图》所示，唐代的独秀峰在子城的西北方，郑叔齐说独秀峰在"城之西北维"，接着他又给出了山名来历的解释，因南朝宋时担任太守的颜延之写过"未若独秀者，峨峨郛邑间"，故此山叫独秀，将山名与名贤联系到一起，增加了独秀山的人文内涵。同时又花笔墨赞颂了独秀峰的特征，特立高耸，有岩洞，有钟乳。如此胜境却湮没在荒芜中，直到李昌巙的到来。李昌巙在有功于国家后，又造福于地方，兴建孔庙和州学，从此独秀峰与桂林的文教事业有了更紧密的联系。孔庙为祭祀孔子之所，在孔子去世之后第二年，鲁国就在孔子故居为他建庙，开启了中国建庙祭孔的历史。唐朝建立之初，政府也要求设立各级学校、孔庙。《新唐书·礼乐五》记载，唐高祖时下诏在国子学为周公、孔子建庙。太宗贞观二年（628）罢周公，四年（630）令州、县学校都建孔庙。国子学祭祀活动由祭酒、司业、博士等负责，地方州县学孔庙祭祀由州县官等参加。李昌巙在亲自参加这些活动的时候，于榛莽间发现一个岩洞，便与同僚商议，剪除杂芜，铺设道路、台阶，一处新的景观由此诞生了。

《独秀山新开石室记》是目前广西所见最早的描写山水开发的石刻，并首次解释了独秀峰得名由来，将其与颜延之联系在一起。设立孔庙和州学的记载也是桂林教育的最早文献记录，颜延之读书于独秀峰下，启迪了桂林文风；李昌巙建孔庙和州学，开

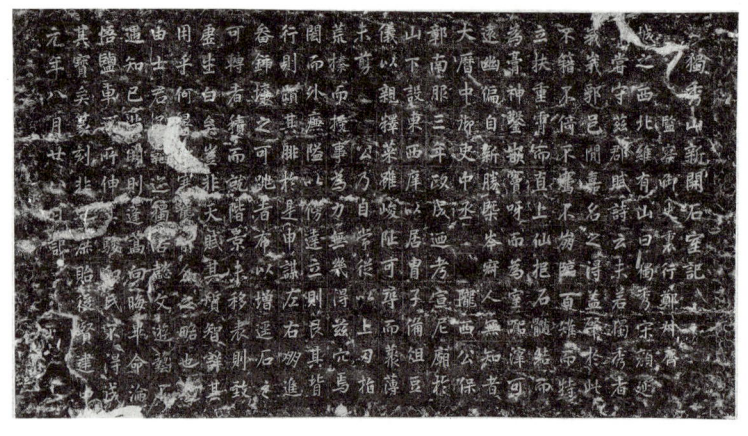

● 唐郑叔齐《独秀山新开石室记》拓片（桂海碑林博物馆供图）

启了独秀峰教育之风。在记文中作者借自然山水开发，发出了对人生的感悟，表达了对遭遇明主的渴望。景就在那里，如果没有人去发现、欣赏，会始终埋没。而人生亦如此，有才华的士君子，若无人提携，就只能沉沦于底层。像千里马不遇伯乐，有才不能施展；和氏璧没有卞和，美玉得不到雕琢，与普通石头无异。

将山水开发与人生际遇联系在一起是古人山水观的重要命题，在后世也不断出现。

摩崖在桂林市独秀峰读书岩外。高57厘米，宽90厘米。真书，字径2.5厘米。刻于唐建中元年，公元780年。

南溪山的旅游开发
——唐李渤《南溪诗并序》

李渤（773—831），唐洛阳人，字濬之。早年隐居庐山，其后又转隐于嵩山。宪宗元和九年（814），在朝堂大臣推荐和韩愈的规劝下，应征为著作郎，迁右补阙，负责规劝皇帝得失。李渤正直敢言，因而多次违抗皇帝的旨意，因此被调出朝廷，外放远方任职。宝历元年（825）以给事中出为桂管观察使兼桂州刺史。李渤在任上疏浚灵渠，增建陡门，保证了灵渠的航运功能；上奏在桂林设立常平仓调节粮价，抵御灾荒。因他在治理灵渠上的重要贡献，后人将其与史禄、马援、鱼孟威合祀于灵渠四贤祠。李渤酷爱自然山水，喜欢搜罗山水名胜，可能与他早年经历有关。李渤年少时喜欢读《高士传》《列仙传》这类讲述隐士和神仙故事的书籍，同时又亲身实践，游历名山，隐居庐山。李渤曾在江西考察过石钟山得名缘由，因为质疑郦道元的说法，他亲自找到石钟山，从潭中找到两块石头，分别敲击辨听它们的声音，南边山的声音含糊，北边的清脆响亮，停止敲击，声音慢慢散去，他认为这就是石钟山名称的来历，后来他的观点被苏东坡给推翻了。

李渤在桂林政有所成后，开启了搜罗山水活动，"一之年，治乡野之病；二之载，搜邦郭之遗。得隐山玄岩"。李渤对桂林山水的第一个贡献是开发了隐山，时间是在宝历元年。吴武陵撰《新开隐山记》，碑已不存，见欧阳修《集古录》碑目，隐山北牖洞现存李渤、吴武陵等人题名。李渤有诗表达了对隐山的热爱："如云不厌苍梧远，似雁逢春又北归。惟有隐山溪上月，年年相望两依依。"

南溪山位于桂林的南面，距唐代桂林城约四里，因南溪水而得名。该溪水位于桂林城南，李渤称其为南溪，溪水在山前汇入漓江。南溪山主要景观包括山前的白龙洞和山后的刘仙岩，刘仙岩位于半山腰，岩前视野开阔，适宜观景。相传北宋时期桂林有个叫刘仲远的人，早年为屠户，后来又经商，贩卖私盐，有次遇到方士学习了炼金之术，此后便开始了游方生活，并在宰相贾昌朝家中为食客20年。刘仲远回到桂林后，隐居于南溪山，118岁时羽化，后人称其隐居之洞为刘仙岩。后来刘仙岩逐渐发展成为桂林历史上的道教圣地。南溪山前山的白龙洞，开发历史要远远早于刘仙岩，这要归功于李渤。

宝历二年（826）某天李渤乘小舟沿漓江而下，过了象鼻山，又过了阳江与漓江交汇处，再往下不远，来到了南溪山下，发现这里山势高耸，迤逦如画，山边有村舍田园，犹如桃源秘境，喜爱不已，"唐李公渤赏心处也"。山脚有沼泽，李渤将其开挖成泉眼，即为白龙泉，《峤南琐记》称"桂泉多可饮，而白龙为最"，明代人认为桂林的泉水大都可以饮用，其中白龙泉最好，它还曾

● 唐李渤《南溪诗并序》拓片（桂海碑林博物馆供图）

被列为贡泉。南溪山岩洞众多,西面主要是白龙洞和玄岩洞,另有众多较小的岩洞,故称"二洞九室",李渤还将其中两洞命名为"丹室"和"夕室"。南溪山现存《夕室》《南溪山》等未署名石刻,据称是李渤所题。山上修建了亭台,种植松竹等植物。李渤对南溪山的发现很是满意,"余获之,自贺若获荆球与蛇珠焉",荆球指荆山之玉,蛇珠亦称"隋侯珠",即灵蛇之珠,二者均指代无价之宝,李渤认为这座离城郭不远的山,对他来说就是极其珍贵的宝物。一切工程完毕,李渤赋五言长诗一首,以记事诗的体裁记录并称赞了南溪山的美景。后来即将离开桂林时,李渤心中仍牵挂着南溪山,留下了《留别南溪》一诗:"常叹春泉去不回,我今此去更难来。欲知别后留情处,手种岩花次第开。"

摩崖位于南溪山玄岩洞口上方。高235厘米,宽100厘米。隶书,字径5.5厘米。刻于唐宝历二年,公元826年。

叠彩山旅游的开山之作
——唐元晦《叠彩山记》

　　叠彩山在桂林东北面，唐代时处于城外，南宋桂林扩城后，为城内诸山之一。与独秀峰、伏波山孤峰突起不同，叠彩山是多峰相连，前面两座小山名四望山、干越山（后讹作于越山，并为人广泛接受），山势低矮平缓，后两峰挺拔，曰明月峰、仙鹤峰。此山名称历代也有变化，唐代称叠彩，五代时因楚王马殷在山上筑坛，俗称马王台、越王山。明代叫桂山，又因半山有风洞（为南北贯通的岩洞，常年有风，故称风洞），人们把山也叫作风洞山。从地理形势上看，叠彩山要高于独秀峰，叠彩山在明代被称为桂林一府的主山，《读史方舆纪要》中对其形胜做了详细描述，独秀、伏波二山则附于其后。林维翰称赞说桂林著名的岩洞他都去过，风洞最为奇绝，北面可以俯瞰漓江，南边紧挨桂林城，山川环绕，楼阁高大，宛如一幅图画。而王鸣鹤则以"江山会景处"来形容叠彩山之景。

　　元氏出自北魏皇族，历隋至唐仍为著姓大族，累世簪缨。元晦为著名诗人元稹侄子，宝历元年（825）制科出身，历任殿中侍御史、翰林学士，后出为刺史，会昌二年（842）为桂管观察使兼桂州刺史，会昌五年（845）调浙东。元晦在桂州刺史任上没有见于史籍的政绩，《（万历）广西通志》虽然将其列入"名宦"，但并无具体的事迹流传。今天来看，其在桂林的事迹就是对叠彩山旅游的开发。

叠彩山因岩石横向节理发育，远望如同条石叠压垒砌，其间石头颜色及石缝植物颜色不同，以"石文横布，彩翠相间，若叠彩然"得名。《叠彩山记》中关于风景建设的文字极少，只有齐云亭，另外交代了整个工程的时间，自会昌三年（843）六月至四年（844）七月。一年多的时间里，元晦在叠彩山做了哪些工作呢？在《四望山记》和《干越山记》中有更多记载，其中《四望山记》尚存，《干越山记》已毁。《四望山记》对四望山旅游设施建设和山的位置做了介绍："山名'四望'，故亭为'销忧'。亭之前后，绵络山腹，皆溪梁危磴。由西而北，复东上叠彩右崖，至福庭石门约三十余步。"元晦在四望山建销忧亭，于山间修筑道路，通向叠彩山。《干越山记》不仅记载了元晦所有工作，还介绍了山名由来："直渚之北，有虚楹钩榭。由此三径，各趋所抵。左指山隈，右向之僧舍，为写真堂。北凿山径，由东崖茅斋经栖真洞而北。《史记》云'秦并诸侯，以百越之地为桂林郡'。吴遣步骘征南，克有干越。"除了元晦自己记录外，唐末做过融州（治所在今融水县）刺史的莫休符，辞官退居桂林，撰写了一部反映广西，主要是桂林历史地理和风土人情的书——《桂林风土记》，其中关于元晦在叠彩山的创建有大八角亭、石室枕莲、流杯亭、花药院等。同时莫休符还透露了元晦大力建设叠彩山的一个背景，唐武宗时期，以李德裕为宰相，努力振兴，取得了一些成效，其中较为重要的一项便是平定藩镇的叛乱。唐代中后期，藩镇割据问题严重，成为朝廷的心腹大患。李德裕一向对藩镇采取强硬态度，他在武宗的支持下，先后平定了卢龙节度使和昭义军节度使叛乱。武宗统治时期也被后人称为"会昌中兴"，出现了较为安定的社会环境，人们又享受起了歌舞升平的生活，游宴风气盛行，官府、私人争相奢华，每值良辰美景，大家都涌向风景名胜，道路上满是车马，以至于出现了交通堵塞的情况。这就促进了山水、园林景观开发建设，这样的大环境激发了热衷山水的元晦在叠彩山大兴土木的热情。

元晦与桂林山水的情结不仅在叠彩山，还有宝积山和象鼻山。他在宝积山建岩光亭，作《岩光亭诗》刻于石壁，宋代时尚存（见宋咸等《游华景洞题名》），后不知毁于何时。象鼻山，唐代原称漓山，元晦因山名与长安的骊山音同，为之改名为仪山，这个新名并没有太大的影响。会昌五年，元晦转浙东观察使、越州刺史，为桂林留诗："紫泥远自金銮降，朱斾翻驰镜水头。陶令风光偏畏夜，子牟衰鬓暗惊秋。西邻月色何时见，南国春光岂再游。莫遣艳歌催客醉，不堪回首翠娥愁。"

叠彩山现存的《叠彩山记》、《四望山记》、《叠彩山》榜书、《四望山》榜书、《洞北门》榜书以及已毁或者未发现的"福真洞""干越山""栖真洞"等石刻均未署名，明代《（万历）广西通志》（万历二十七年，1599年刻）认为出自元晦笔下，书法秀丽且

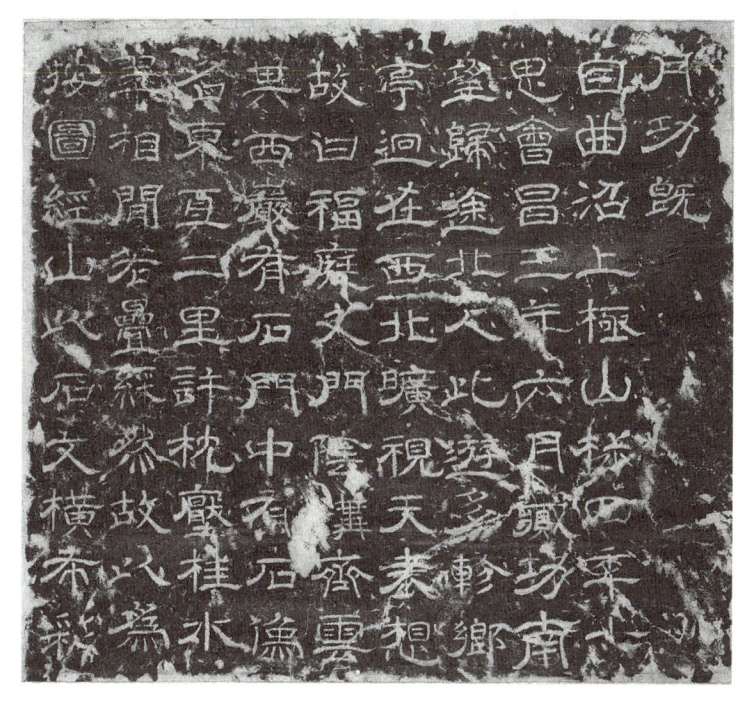

● 唐元晦《叠彩山记》拓片（桂海碑林博物馆供图）

有文采，"其间小记与题篆皆出其手，盖秀而文云"，同时代张鸣凤的《桂胜》中认为这些都出自元晦之手，"唐元常侍晦各有小记镂于其山"，"'叠彩山'三大篆字。又有'福真洞'三字，亦篆书。'干越山'三字横列，自左而右。山下有'栖真洞'及'洞北门'，共九大字，皆用篆。'四望山'亦三篆字，不著书者姓名，然皆元晦时所题镌"。他的说法得到了后人普遍认可。

《叠彩山记》和《干越山记》中有叠彩山摩崖造像和佛教寺院的记载，为桂林佛教研究提供了资料。其中《叠彩山记》中提到"福庭"中有石像，福庭即今天的风洞，这说明在会昌之前，叠彩山风洞有唐代摩崖造像。风洞中现存摩崖造像年代为宋，是在唐代被毁佛像基础上改刻的，元晦的记文就是证据。罗香林《唐代桂林之摩崖佛像》是他民国时期在桂林实地调查的成果，他在叠彩山发现了唐代的造像，拍摄有照片，但后来没有重新发现的记录。近年来，文物部门在叠彩山风洞南口外两龛造像下新发现造像记两方，其中一方造像记的年代为唐调露二年（680），这不仅实证了叠彩山有唐代造像，还将年代确定在了初唐。

摩崖位于桂林市叠彩山风洞南口。高38厘米，宽43厘米。隶书，字径3厘米。左行文。刻于唐会昌四年，公元844年。

延续千载的盛宴
——南汉刘崇远《新开宴石山记》

宴石山位于玉林市博白县顿谷镇石坪村南流江畔宴石山风景区内，是宴石山景区的核心景点，典型的丹霞地貌景观，山体呈紫色，山岩陡峭壁立，如同被切削一般，山顶则较为平坦开阔。清代沈颢《游宴石山》诗描述道："石与众山异，四方如削成。上有三秀芝，历久鲜枯荣。"相传古代有神仙陈越王在山顶举行宴会，故名宴石山。有天生桥、一线天、出米洞、仙竹梯等景观，其中宴石仙桥为博白古代八景之一。

宴石山风景优美，人文历史悠久。自唐代起，宴石山就成为佛教圣地，人们在此山开窟造像，建造寺庙。现在宴石山还保存了三龛造像，专家从风格上判断有唐代早期造像特点。宴石山南向有两处天然岩洞，古人以天然洞穴为屋建造了宴石寺，一直延续至今，清代程钧有诗称："昔日山无寺，今朝寺亦山。不须金碧饰，只在石岩间。高耸群峰小，环回一水湾。伯图游宴歇，独羡老僧闲。"寺庙始建年代不详，不晚于唐末咸通六年（865），高骈出征南诏国，途经此地，在岩洞内塑装佛像。五代十国时期的南汉曾在此进行大规模建设。北宋末年，蔡京之子蔡绦被贬博白，游览宴石山，对宴石山称赞不已，而山中的寺庙也改名普光禅寺。明清时期，宴石山游人不绝于途。明代有刘扬烈《游宴石山寺》诗："何必西方极乐边，石开阆苑几重天。飞泉飘洒花争放，古洞幽深客爱眠。堂室不曾经斧凿，溪崖常自结云烟。我来未是蓬瀛地，疑是蓬瀛顶上仙。"寺内崖壁上留有多件明清时期的摩崖石刻。

历史上宴石山最大规模的建设发生在南汉时期，南汉，五代十国时期十国之一，唐末刘隐割据岭南，称南海王，后

● 南汉刘崇远《新开宴石山记》拓片
（广西壮族自治区博物馆藏品）

其弟刘岩于后梁贞明三年（917）在广州称帝，国号大越，次年改国号为汉，史称南汉。刘岩后改名刘龑，后代称其为南汉高祖。南汉中宗趁南唐灭马楚之际，占领原马楚在两广的地盘，其统治范围最大时包含今两广和海南。南汉参照唐朝制度立国，建立三省六部制，举行科举。南汉崇祀佛教，在各处兴建佛寺，铸造铜钟。公元971年为北宋所灭。

南汉乾和十五年（957），刘崇远在唐代人的基础上扩建宴石寺，整修石室，以铁铸造佛像，在东侧岩洞内铸释迦瑞像，在西侧岩洞铸释迦牟尼佛像、五百罗汉像、十六罗汉像，又在洞外修建走廊、斋堂、僧房等建筑，延请僧人前来主持寺庙事务，并有南汉皇帝赐名"觉果禅院"。宴石山东峰石山也在此时被打造成了道教名区，此山四面各有一处岩洞，其形势符合道家对神仙洞窟的要求，于是刘崇远同样以铁为材料，在各洞中铸玉皇、太上老君等诸类神仙，在洞外新建道观，邀道士入驻。整个宴石山建设花费了一年多的时间，刘崇远意图将宴石山打造成四海朝宗、众星拱极之地。也正是他的努力，成就了宴石山千年的辉煌。

《新开宴石山记》文辞优美，蔡绦游览宴石寺，特意提到了这件碑刻，他认为五代文章大都不堪，但对这篇记文印象不错，尤其喜欢其中"蔬足果足，松寒竹寒"之句。

石刻原位于玉林市博白县宴石山宴石寺，已毁，广西壮族自治区博物馆藏有拓片。拓片高126厘米，宽35厘米。

胜地重光
——宋《宋咸等游华景洞题名》

宝积山与叠彩山左右相对，构成了桂林城北边的一道防线，"而叠彩、宝积两岩洞分布，对开其上，若北城东西两翼"。其山东、南面比较平缓，西、北陡峭，宋代在此修筑城墙，至今仍保存有较为完整的宋代城墙、城门及藏兵洞。宝积山人文历史悠久，山南侧有宝积岩遗址，是旧石器晚期古人类活动遗址。唐代称为西阜，也有人名之盘龙岗，宋代在山下立有"桂岭"石刻，徐霞客来桂林时也曾见到此碑。此地也被称作桂岭，有著名的桂林老八景之"桂岭晴岚"。山顶曾建有诸葛武侯祠，明代后期山顶祠宇荒废，迁移至山下。宝积山也有多个岩洞，其中最主要的便是华景洞。《桂胜》称华景洞是宝积山前东向的一个岩洞，岩洞宽广，有十几间房那么大，洞口也很宽广。在山的北面半山处有另一个岩洞，因现代以来修筑防空洞，进行了大量人工干预，无法确定是否为华景洞另一个出口。但岩洞口有唐代会昌五年（845）《李珏等六人题名》，宋代《李师中题名》、《吴组等五人题名》，表明该处与华景洞为同时期开发。华景洞前有一处水塘，早晚晨曦霞光映照，景色宜人。宝积山最早也是由唐代元晦开发，《桂林风土记》载，岩光亭在当时的北罗门外，是元晦新建之亭，有石棋局。元晦还为此作五十韵诗："石静如开镜，山高若耸莲。笋竿抽玉管，花蔓缀金钿……"宋代以后宝积山和叠彩山成为城内之山，不仅成为本地人士赏游聚会之地，也是桂林迎来送往之佳处。明末大旅行家徐霞客登上宝积山，对眼前景象做了如此评价：从山顶四望，东面靖江王府的宫苑及百姓人家历历在目；西面湖塘荷叶满田；近处骝马山近在咫尺，远处侯山等山峰也是目力所及，尽管山上已经没有了诸葛武侯的遗迹，但宝积山仍不失为桂林游览之胜地。

随着朝代更替，世事变迁，华景洞湮没无闻。宋仁宗嘉祐三年（1058）七月的一天，广西经略安抚使萧固与转运使王罕等人聚会于城北，吩咐临桂县令开辟宝积山下一片长满荒草的湿地，随即发现了一个岩洞，洞口刻有"华景"，洞内刻元晦《岩光亭诗》，石刻时间是会昌五年。至此，华景洞又重新被发现。萧固，字干臣，新喻（今江西新余）人，天圣五年（1027）进士，庆历间知桂州兼广西都巡检提举兵甲溪峒事，萧固因俗而治，为政宽大，广西得以安定。皇祐初任广西转运使，主张招抚侬智高父子，朝廷不听；又提议加强军备，防范侬智高，朝廷依然没有回应。后来侬智高反宋，萧固成为替罪羊，被贬职。嘉祐二年（1057）官广西经略安抚使兼知桂州，官终集贤殿修撰。一段时间之后，萧固、王罕又约宋咸等人再次来游，并由宋咸将发现过程及游览情况记录下，刊于崖壁。宋咸，字贯之，福建建阳人。天圣二

● 宋《宋咸等游华景洞题名》拓片（桂海碑林博物馆供图）

年（1024）进士，皇祐五年（1053）以转运判官随狄青、余靖平定侬智高之乱，名列《狄青平蛮三将题名》碑，嘉祐三年为广西提点刑狱，改转运使。宋咸一生著作丰富，有《易训》《毛诗正义外纪》《论语增注》《法言注》《朝制要鉴》《延年集》《剑池篇》等。在文中，作者以物寓人，一个没有生命力的岩洞仅仅因为人的一句话就重新焕发生机，作为一个人，如果想要显达，则同样需要有人发现和推荐。其所表达的思想与郑叔齐的《独秀山新开石室记》异曲同工。

  本件石刻还保留古代石刻制作的信息，很多石刻并不是由作者直接书于石壁，而是事先在纸上写好后由匠人临摹于石上，再经石匠刻石。碑额是由僧人宝珍所撰写。僧宝珍，宋代西峰寺住持，据明代张鸣凤说，他写得一手好篆字，当时桂林官员们想要勒石刻碑，都会请宝珍以篆书题写碑额。雉山、华景洞、镇南峰（今铁封山）都留有宝珍的手笔。

  摩崖位于桂林市宝积山华景洞外。高161厘米，宽101厘米。额篆书，字径15厘米；正文行书，字径5厘米。碑刻保存一般，下部有横向裂隙。刻于嘉祐三年，公元1058年。

留在桂林山水间的不平
——宋李师中《蒙亭记》

李师中（1013—1078），字诚之，山东人，进士及第，受知于庞籍。嘉祐三年（1058）提点广西刑狱，五年（1060）摄帅事，知桂州，后权广西转运使兼劝农使，七年（1062）离任。李师中在广西四年多，兴修灵渠，清理淤塞，保证通航；邕州（今南宁）地区驻有马军，马匹因天热而死亡，李师中上奏裁撤马军。李师中注意安抚百姓，作《劝农事文》刻于龙隐岩，规劝百姓和睦家庭邻里，勤于耕种，孝敬父母；能妥善处理民族关系，保持地方稳定。广西人民深感其德，立祠画像以祀之，不称呼他的名讳，尊称"桂州李大夫"。著作有文集多卷、奏议20卷和《珠溪诗集》。李师中在桂林龙隐岩、龙隐洞、华景洞、伏波山等地方留下很多石刻，离别桂林时作《留别桂林诗》刻于龙隐洞。其中一首云"出岫白云犹缭绕，离群飞鸟尚鸣悲。四年人去宁无恨，况是梅花满树时"，表达了对桂林的深深眷恋之情。

吴及，字几道，宋通州静海（今江苏南通）人，天圣八年（1030）进士。《宋史》有传，主要事迹是上章建言，讨论宦官、仁宗继嗣及冗官冗员问题，为谏官时"遇事无大小辄言"。后遭弹劾外放，历知庐州、桂州（今桂林），卒于官。

伏波山位于桂林城东漓江边，山下有岩洞叫还珠洞，根据《桂胜》里记载："山东划江，岩亦东向，自非风雨晦冥，初景微射，先烛岩室，渐晃潭壑，孤峰群木，如出潭里，亦岩居川观之丽瞩也。"伏波山东面临江，岩洞也是朝东，岩前有潭，阳光先照射到洞内，然后慢慢移至水面，因为倒影，所以山川树木好像长在潭中，是观景佳处。李师中称赞："桂林，天下之胜处，兹山水又称其尤。"《胡义修还珠洞题记》评价说："兹岩胜绝，在桂林洞穴之上上。"关于伏波山得名，通常将其与汉伏波将军马援联系在一起，而且至晚自唐代开始，山上就有祭祀马援的伏波庙，《桂林风土记》记载伏波庙在唐代桂林子城内东北二里，即在今伏波山附近。宋代曾作"洑波岩"，《章岘留题洑波岩诗并崔静和韵》中有"江澜洄洑啮山根"句，另外《程节等五人还珠洞题名》也作"洑波岩"。张鸣凤说，宋朝元丰间（1078—1085）的游览者常写成"洑波"，是因伏波山延伸至江边，山岩阻挡了波涛。嘉庆《广西通志》作者在按语中说"伏波"应该写作"洑波"，因为按字意，水回流曰"洑"，伏波山屹立水滨，漓江水流到此处，遇到阻遏，形成回旋，正合此意。还珠洞在山脚，临江东向，是故唐宋时也称东岩。宋代也叫伏波岩、玩珠岩，张维改玩珠为还珠。还珠洞得名也有不同说法，其一是与马援有关，说马援南征载薏苡以归，被诬以载珍珠，为证清白，马援在此将舟中薏苡倾入江中；其二是传说有渔夫拾取龙珠回家，被人发现，告诫他返

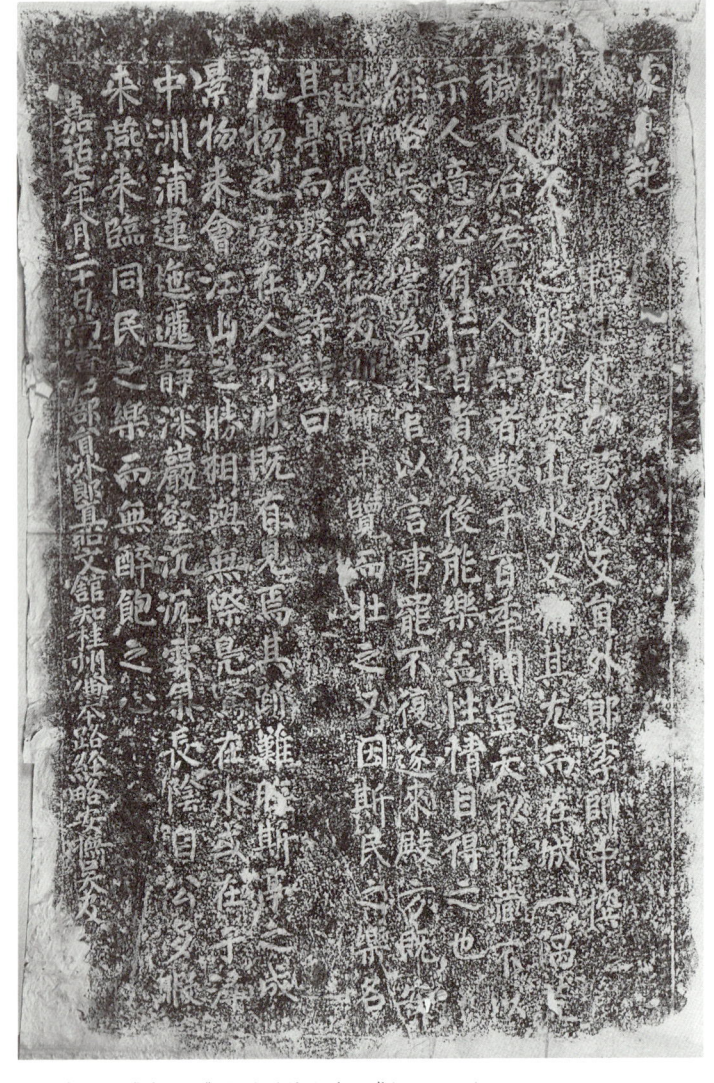

宋李师中《蒙亭记》拓片（桂海碑林博物馆供图）

回,否则会触动龙王,渔夫将珠返还;其三是洞中石纹像两条蛇,蜿蜒相向,蛇头位置有石头,整个形象酷似老龙戏珠。张鸣凤还在记载中提供了另一种说法,宋代人将玩珠改为还珠是用了"合浦还珠"的典故来褒奖赞美张孝祥。

嘉祐五年,吴及知桂州,首先任务是安边静民。在地方安定之后,开始寻幽探胜,在城东北一个角落发现了"荒秽不治,若无人知"的地方,因此地山水绝佳,遂于此建亭。李师中取名为蒙亭,并为之作记。《记》的篇幅很短,关于亭的建设缘由、经过更简略。作者先是称赞伏波山是天下胜处之中的胜处,接下来话锋一转,这样近在咫尺的绝胜山水之地却沦为荒芜之地,好像没人知道,像是千百年来天地隐藏之宝,然后再借助"仁者乐山"为赞扬吴及埋下伏笔。吴及身为谏官,因言事被贬至地方,再也没能回到朝廷。而李师中也喜欢上书言事,对吴及应怀有敬意。而今吴及发现了这个宝藏千百年之地,正说明他是仁者。

蒙,有遮蔽、覆盖的意思。拥有才干的人在被发现、被重视前,如同自然山水在被人发现前一样,湮没无闻。现在伏波山这处桂林山水之尤之地被开发,而且开辟者的本意不是为了个人享乐,而是与民同乐,物之蒙者已显,而人之蒙者尚未能遇到提携者。表达出作者对吴及蒙冤的惋惜以及能遇到伯乐的期望。

摩崖在伏波山北面。高188厘米,宽120厘米。楷书,字径8厘米;款径5厘米。书刻于嘉祐七年,公元1062年。

宰相遗泽
——宋刘谊《曾公岩记并陈倩等七人唱和诗》

曾布（1036—1107），字子宣，江西南丰人，与兄长曾巩同时高中嘉祐二年（1057）进士。因韩维、王安石举荐受到神宗重视。熙宁间王安石主导变法，曾布是重要参与者和坚定支持者，王安石后来回忆说，在变法初期，各种争议不断，而参与变法的人也常常动摇，唯独吕惠卿与曾布始终坚定不移地支持、参与变法。然而，这对好搭档最终也散伙了。因变法中的某些问题与王安石产生分歧，曾布被贬地方，元丰元年（1078）自广州移知桂州（今桂林），一直在地方任职，直至神宗去世。徽宗时升任宰相，后又屡遭贬斥，卒谥"文肃"。在北宋末年的朝局中，曾布与各方均有冲突，宋史编纂者将其列入"奸臣传"。南宋刘克庄《曾公岩诗》中对曾布评价："忆昔建中初，国论几一回。惜也祖荆舒，卒为清议排。至今出牧地，姓字留苍崖。"梁启超在《王安石传》中论述王安石用人和交友时评价曾布是"千古骨鲠之士"，认为其才学足堪大任，对其人被列入奸臣不满。曾布在桂林龙隐岩、龙隐洞、叠彩山、象鼻山、伏波山等处都留下了题刻。

● 宋刘谊《曾公岩记并陈倩等七人唱和诗》拓片(桂海碑林博物馆供图)

曾公岩为普陀山诸多岩洞之一，岩内有地下河，"春夏流澌，凉冽如冰"，故又名冷水岩，是消暑纳凉的好地方，杨损称赞"须知水石清凉处，绝胜尘沙热恼时"，刘克庄亦称"爱凉复畏湿，当暑重裘来"。曾公岩与七星岩相通，长期作为七星岩的出口，"名为东方既白"，民间俗称为七星后岩。宋代罗大经曾记录一次规模庞大的探洞活动，游人从曾公岩入，自栖霞洞（今七星岩）出。

元丰初年，广西地方局势变好，交趾（今越南北部）与宋朝关系缓和，刘谊记"元丰元年冬，交人入贡"，《宋史·神宗本纪》中的时间是"九月癸酉"。曾布在此时从广州调任于此，正是太平之世。政务之暇徜徉于桂林山水间，"访寻桂之山水奇胜处"，在普陀山发现了一个处于榛莽间的岩洞，洞内有溪流，有奇特的钟乳石。曾布特意在洞内搜寻，没有发现前人的留题和人工改造的痕迹。于是就命人在溪水上架桥，以方便跨越。横渡地下河之后，发现岩洞宽广，"有山田数亩"，适合聚会游览。经过曾布的建设，岩洞成了桂林新的热门景点，"州人士女与夫四方之人，无日而不来，其岩遂为桂林绝观"。此洞因是曾布所建，故名曾公岩。刘克庄描述道："飞梁跨其间，上可陈樽罍。""名岩者谁欤，兄固弟子开。"明俞安期诗："入门渡石梁，穿隘迷石栈。深隐豢龙潭，横盘饮虹涧。"

在讲述完曾公岩的开发过程后，刘谊用反问加感叹的方式，感慨桂林岩洞众多，白龙洞、西山、叠彩山、龙隐洞等，都是唐代人已经开发过的地方了，并且他们认为每一处都是前人所遗漏的，曾公岩为何又被唐人遗漏呢？是当时人忽略了，还是要待有德者才显现呢？紧接着刘谊又将自己家乡山水与曾公岩作比较，认为东南山水名胜之地最为奇观的天台、雁荡都不如这里。然后顺理成章地道出曾公岩得名之缘由，是感念曾布的德政。

曾公岩开启了桂林以私人名姓来命名岩洞的风尚，其后有程公岩、吕公岩、张公洞等。中国古代以姓、名来命名是为了表达纪念感激之情，如刘公井，位于江西修水县，纪念汉代刘陵；杭州西湖有白堤、苏堤、杨公堤，分别纪念唐代白居易、宋代苏轼和明代杨孟瑛为建设西湖做出的贡献。在这里刘谊借百姓之口，以曾布的姓氏来命名岩洞："邦人乐公之德政，而愿以'曾公'名其岩，以比甘棠之思。"将山水开发建设与官员政绩相标榜，探穷奇异成了有德者的行为。

摩崖位于普陀山曾公岩。高126厘米，宽210厘米。楷书，字径3厘米。刻于元丰二年，公元1079年。碑刻末端附有清雍正五年（1727）胡喆命工匠重新加深文字的题记。

追寻柳宗元的足迹
——宋丘允《仙弈山新开游山路记》

柳州山水旅游的引领者是柳宗元,他在柳州刺史任上,遍游周边,写下了《柳州山水近治可游者记》,描述了今柳州市内诸山姿态,其中重点介绍了仙弈山(今马鞍山),足见此山在他心目中的分量。仙弈山,以山中有石如棋盘,可以弈棋,故名。在古代也称仙人山,因山上有岩石形如仙人。又叫天马山,今名马鞍山,其实马鞍山之名,至少在明代已有,徐霞客在柳州时就发现当地居民只知马鞍山而不知有仙弈山。其山高耸,岩洞众多,最重要的岩洞为仙弈岩,柳宗元已经对它有详细描述,洞内空间宽广,有"屏风""房间""屋檐",钟乳石姿态万千,有的像人体器官,如肺、肝;有的像莲蓬;有的像人、像禽鸟、像器物。岩洞东西宽90尺(约28米),南北宽约45尺(约14米)。仙弈岩旁别有岩洞,山顶有平整岩石,表面黑色,有红色纹理,共18道,可以下棋,山名也是由此而来。山顶视野开阔,是观景佳地。除了赏景外,仙弈山还是柳州精神文化信仰地,其山另有梓潼岩,岩内供奉梓潼帝君,清康熙四年(1665)马平(今柳州)县令阎兴邦游仙弈山，得知此处曾刻有梓潼帝君像，如今已毁，于是捐资重塑神像，并魁星、朱衣使者、天聋地哑童子等。此外，阎兴邦还题写了"开化""龙门"镌刻于洞内，以此作为振兴柳州文教的先声。宋代山麓有号称"广右第一"的灵泉寺，后改称天宁万寿禅寺。

自唐代以来，历代文人雅士登览赞叹不绝，柳宗元有《雨中赠仙人山贾山人》诗："寒江夜雨声潺潺，晓云遮尽仙人山。遥知玄豹在深处，下笑羁绊泥涂间。"宋卢侗《登仙弈山》诗："畏对青山老一秋，逢春又向碧岩游。凭空为问蓬莱客，何物能销万古愁。"位于仙弈岩的时戴等三人淳化二年（991）游览题名是柳州现存最早的摩崖石刻，马鞍山至今保留宋至清摩崖石刻30余件，多为纪游题名、题诗。

丘允，字执中，今福建霞浦人，元符三年（1100）进士，历官临湘、邓城知县，靖康中为柳州知州，南渡后知惠州。丘允居官正直，所到之处都能兴利除害，他刚入仕担任栾城县尉时，就将凌虐百姓的采炮军绳之以法；在临湘任上，三天便帮50人平反冤狱，得到上司夸奖；知邓城时，革除了官府采买绢帛的弊端，并由此得到皇帝赏识，升任柳州知州；在柳州，他摈斥当地不好的习俗，上疏朝廷指出广西盐法弊端，并提出改革意见，得到认可，通行于两广。

可能是因为柳宗元对仙弈山记载得足够详细，足够生动，丘允在提到仙弈山时，直接引用了柳宗元的原文。然而柳宗元当年登山之路却无从寻找，为此他提出了陵谷变迁的疑问。关于修路

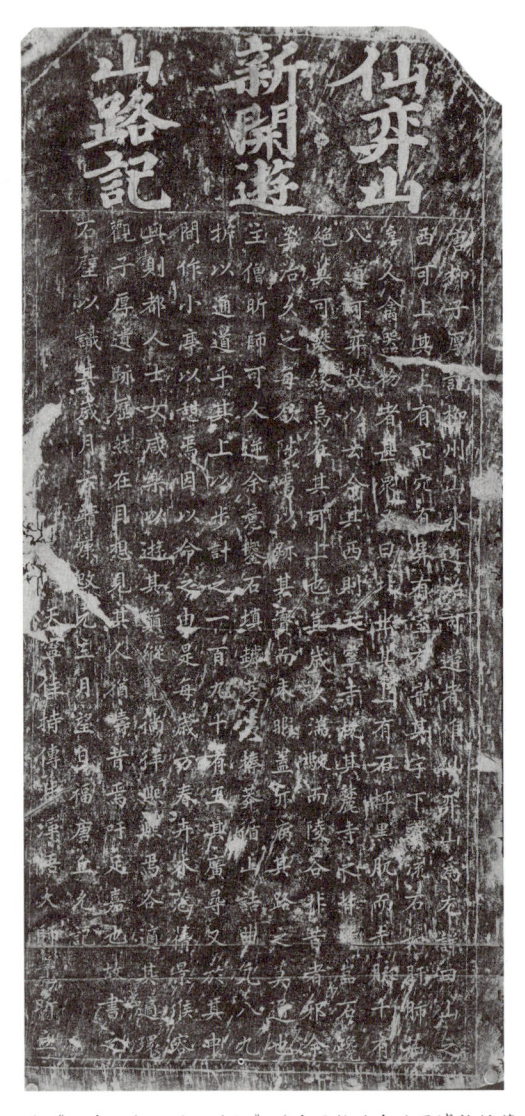

● 宋丘允《仙弈山新开游山路记》（广西壮族自治区博物馆藏品）

的起因，丘允是这样描述的：他到任很久了，一直有登仙弈山的想法，却从未实现，主要因为两点：一是太忙了，二是无路可通。山下天宁寺住持昕师善解人意，明白了丘允的心思，于是动工修筑了一条登山之路。修建这条路并不容易，要剪除榛莽，凿山石填缝隙，依照山势，曲折萦绕。在中途又建小亭一座，方便登山之人休息。山路修通后，丘允畅想从此以后，每逢春暖花开、春景明媚之时，柳州百姓一定乐意登上此山，观景流连。站在仙弈山顶上，可以俯瞰全城，柳宗元先生留下的遗迹皆历历在目，亦可引发柳州人民在观景时对先贤的思念。

摩崖位于柳州市马鞍山。高105厘米，宽50厘米。正书。刻于靖康元年，公元1126年。

一位受处分官员的贬谪之路
——宋李邦彦《三洞记》

李邦彦,字士美,宋怀州(治今河南沁阳)人。出身银匠之家,大观二年(1108)上舍及第。《宋史》称其长相俊朗,风姿绰约,擅长写文章,因生长于市井,沾染了不少世俗痞子习气,善于耍嘴皮子,精通蹴鞠运动,自号"李浪子"。宋徽宗宣和三年(1121)官拜尚书右丞,六年(1124)升少宰,因只会阿谀奉承,无所建树,开封城的人私下里称呼他"浪子宰相"。靖康元年(1126)为太宰,金兵南侵,李邦彦主张割地求和,反对出兵抗金。建炎元年(1127)高宗赵构为收拾人心,以主和误国的罪名,将其贬为建武军(石刻中李邦彦自署建宁军)节度副使,流放至浔州(治今广西桂平)。他卒于桂林,据称葬在灵川三街镇,《(民国)灵川县志》记载李邦彦墓在"县西三里龙田岩之南,墓碑两石相合,字在内,神道碑高一丈"。李邦彦赴贬所途中在桂林停留了一段时间,游览桂林诸名胜,题有"栖霞洞""龙隐岩""清秀岩"等榜书石刻,保留至今。

乳洞,位于今兴安严关镇龙蟠山,分为上、中、下三洞。明代曹学佺《广西名胜志》中有详细记载，乳洞在县城西南方十里，岩洞有上、中、下三层，其中下洞空旷明亮，洞顶有许多下垂的钟乳石，洞内冬暖夏凉，有泉水从洞内流出，沿着石壁汇流成小溪，水流湍急，冲刷石壁，激荡有声，又从洞门流出。继续往洞深处前行，有一处相对干爽、地势平坦的地方，这里有岩溶作用形成的许多浅浅的小水池，层层错落，如同梯田，传说是为龙田，水流从梯田漫下，名为"龙田吐珠"。自下洞洞口右侧往上走，很快就能到达中洞，洞内湿气很大，常常有雾气萦绕洞中，如云雾一般，有石室、石床。出中洞再往山上走20米左右，到达上洞，洞口石墙石门，入口处小，洞内深广开阔，长达数里，漆黑一片，须借助灯光才能前行。洞内有两处钟乳石形成的大钟，敲击能发出钟磬之声，号称"景阳双钟"。再往前，有一片开阔地，顶有五彩花纹的石钟乳凝成动物、人物形象，有如水晶龙宫。南宋建炎三年（1129），李邦彦分别为之命名，下洞名曰"喷雷"，中洞名曰"驻云"，上洞名曰"飞霞"。范成大在《桂海虞衡志》中评品其岩洞景色之胜说，兴安石乳洞最奇特，可与栖霞（七星岩）一较高下，其他岩洞没法与之相比。

　　兴安位于桂林东北，地处湘桂走廊的南端，是桂林与北方交通的重要孔道、南下北上的必经之地。龙蟠山气势雄壮，乳洞景色奇特，吸引了很多南来北往的文人墨客，成为他们行经途中的盘桓赏游之地，如王正功解职还里，其幕友就至此钱别。因此，洞中有很多摩崖石刻，且以唐宋摩崖石刻为主。根据调查，乳洞现存唐代石刻有7件，包括有大和八年（834）僧元约题名，开成

● 宋李邦彦《三洞记》拓片（出处：《北京图书馆藏中国历代石刻拓本汇编》）

五年（840）卢钧题名，会昌四年（844）元繇题名、卢贞题名，会昌五年（845）元晦题名；另有两件题诗石刻，为会昌五年赵某《题全义乳洞》诗，大中二年（848）韦瓘《三乳洞诗》。宋代石刻有20余件，包括张孝祥题"上清三洞"、范成大等人题名、谢逵乳洞题诗等。南宋宝祐年间（1253—1258）之后，由于乳洞逐渐成为宗教场所，石刻的数量骤减。元、明两代未见有石刻留存，清代的石刻也非常少见。民国时期，有广西近代金石学者林半觉于民国三十一年（1942）十一月"访碑过此，留三日，得唐代摩崖"的题记。

建炎三年，李邦彦在赴贬所时道过兴安，游览乳洞，他在兴安的活动应该是受到了当地官员的邀请，我们从碑刻落款中出现了兴安县主要官员知县、县尉兼主簿两位的名字就可以大概推测出。文章先是对乳洞所在的蟠龙山整体景观进行了概括，山势高耸，矗立如屏障，有泉石之美，植被茂盛，秀色可掬。山中有三洞，李邦彦称赞是"天下奇伟观"，但是土名过于俗气，不足与其壮美匹敌，于是为它们重新命名。其中下洞宽敞，洞内地下河水量丰富，水流冲击石壁，声音犹如响雷，有潜龙在渊之势，故改称"喷雷"；中洞潮湿，水汽聚集如云雾笼罩，能湿润衣襟，有超然脱俗之感，因此命名"驻云"；上洞高悬，景色更加秀丽，岩石呈五彩之色，有腾飞之姿，所以叫"飞霞"。最后李邦彦认为三洞如蓬莱仙境，可以祛除一身世俗之劳顿，洗涤心灵，让他因贬谪在外的郁闷心情得到舒缓释放，这里是喜欢搜奇穷异的人士不能忘怀的地方。

● 宋李邦彦《三洞记》（广西壮族自治区博物馆藏品）

  碑刻位于桂林市兴安县乳洞。拓片高150厘米，宽80厘米。楷书，碑额字径13厘米，正文字径3厘米。原碑已毁，国家图书馆藏有完整拓片，然拓工很差。广西壮族自治区博物馆保存有残碑拓片，拓片高105厘米，宽80厘米。

七星岩的神仙故事
——宋范成大《碧虚铭》

　　七星岩，位于普陀山半山，隋唐至宋多称栖（棲）霞洞，据记载洞口有隋代高僧昙迁所题"棲霞洞"三字，惜石刻已毁。唐代有"玄元栖霞之洞"石刻，岩内供奉有老子像，宋代李弥大改名仙李岩，尹穑撰《仙李岩铭并序》叙述其事，称："仙李岩即玄元栖霞洞也。唐祖老氏，尊以玄元之号，而所在祠之。今洞额镌刻篆字，奇古不磨。又有老君像在焉。"李弥大十分喜欢这里，以此洞是唐代郑冠卿遇仙传说发生地，而且老子又是李姓之祖，故将此洞改为仙李岩。如同张孝祥改水月洞为朝阳洞一样，李弥大的改名也不流行，宋代基本还是沿用原名。明清时期基本与今天一样，都叫七星岩。据科学考察，七星岩是距今100万年的一段古老的地下河，后因地壳变动，地下河抬升，遂形成地面之上的岩洞。七星岩分上、中、下三层，上层已毁，下层是仍在发育的地下河。可供人们游览的是中层，长1100米，其中游程814米，最宽处50多米，最高处27米。共有5个洞口，因为岩溶水与石灰岩石质发生化学反应，洞内形成许多姿态万千的石钟乳、石笋、石柱、石幔、石花等景致。七星岩自隋代被开发，在唐宋时旅游已盛，南宋时知府赵师恕有次与同僚游览，跟风的百姓有千人之众，点燃百余支火把，整个游览历时6个多小时。到民国时期，洞内被命名的景点已达50余处。明代桂林人张文熙赞其为"第一洞天"，"栖霞真境"是桂林老八景之一。

唐郑冠卿遇仙故事，见于绍兴五年（1135）尹穑《仙迹记》。郑冠卿是唐末广西临贺（今贺州）县令，爱护百姓，人民贫困交不起租税，郑冠卿替他们交；荒野间有因故未能下葬的尸骨，郑冠卿解衣包裹，为之安葬。后任满返乡，道经桂林，因道路不通畅，滞留于此。一天郑冠卿独自出行，来到七星岩，遇见两位道士，打过招呼后就随同进入，洞内有棋局、酒壶，有童子。道士随后与郑冠卿问答，不能惬意。道士们的笛子郑冠卿也无法吹响，演奏的音乐也听不见，只能饮几滴道士壶中之酒。临别时，两位道士各赠诗一首，其中一首有"不缘过去行方便，那得今来会碧虚"之句，最后又点化他弃官修仙。郑冠卿走出洞，又遇两位樵夫，问起他洞中遭遇，然后樵夫告诉郑冠卿，他所遇之人乃是日华、月华两位神仙。待冠卿回家，家人都以为他已去世，丧事都已办完。他自此辞官隐居，104岁无疾而终。

范成大在七星岩洞口建设观景亭，并根据郑冠卿遇仙故事，及道士赠诗中的"碧虚"二字为亭命名。在铭辞中，范成大表达自己也想入洞寻仙的想法。遇仙、访仙故事是道教文化发展的产物。中国自魏晋南北朝时期儒、释、道三种思想交汇融合，到宋代，三家思想融合趋势进一步加强，许多文人身上都兼具儒、释、道三种思想。宋孝宗认为："三教本不相远，特所施不同，至其

宋范成大《碧虚铭》拓片
（桂海碑林博物馆供图）

末流，昧者执之而自为异耳，以佛修心，以道养生，以儒治世可也，又何惑焉？"大意是说儒、释、道三家之间有很多相近之处，只是外在表现形式有所不同，若是采用佛教思想来净化心灵，修养心性；用道家法天地自然的理念来养生；用儒家仁爱的思想来治理国家，如此便不会惑于某一种思想而排斥其他。从范成大访仙的想法可以看出其思想中道家神仙思想的影子。另外，道家思想中的飘逸与豁达在其身上也有体现，如见于诗作《古风上知府秘书二首(其一)》："神仙绝世立，功行闻清都。玉符赐长生，蹑云游紫虚。鸡犬尔何知，偶舐药鼎余。身轻亦仙去，罡风与之俱。俯视旧篱落，眇莽如积苏。非无凤与麟，终然侣虫鱼。微物岂有命，政尔谢泥涂。时哉适丁是，邂逅真良图。"

乾道八年（1172），范成大自中书舍人出知静江府（今桂林）兼广西经略安抚使，他的外调与其阻止张说的任命有关。张说是个品行不端之人，朝廷准备任命其为签书枢密院事，轮到范成大起草命令，他没有如期起草，并且还上书阻止，后来张说的任命就被取消了。但范成大本人也受到影响，外调远赴岭南。由清要之地外调"瘴疠之乡"，虽然范成大表现得很平静，面对家人的拦阻，还引用杜甫等人的诗来说明桂林是宜人之地，来到桂林后也为这里的美景陶醉，但外贬的阴影或许短时间仍挥之不去。他在《碧虚铭并序》中表现出叩门寻仙的想法，就有仿效郑冠卿辞官隐修的意思在内。

摩崖位于桂林市普陀山七星岩外。高264厘米，宽156厘米。额隶书，字径23厘米；文真书，字径12厘米。刻于淳熙元年，公元1174年。

舜帝恩泽传千古
——宋张栻《韶音洞记》

张栻（1133—1180），字敬夫，号南轩，世称南轩先生，广汉（今属四川德阳）人，徙居湖南衡阳，宰相张浚之子。年少时学习二程（程颢、程颐）理学，以父亲恩荫补官。宋孝宗淳熙元年（1174）知静江府兼广南西路安抚使，于任上精简地方兵员，淘汰老弱病残，留下青壮；推行"保伍法"以安定社会秩序；谨慎处理好与少数民族的关系；改革买马弊端；发展教育事业，扩建桂林府学。他在桂三年多，勤政爱民，政绩卓著。著有《南轩集》等。

虞山位于桂林城北，东面临漓江，相传舜帝南巡曾游此山，舜帝为有虞氏，也称虞帝，为纪念舜帝，人们将山命名为虞山。虞山是孤峰平地突起，相对高度为78米，四周平旷。山脚下有南北贯穿的岩洞，山北有深潭，叫皇泽湾。山南建有舜庙，始建年代不详，有观点认为是晋代，唐宋元明清诸代均有过重建。至少自唐代起，虞山就成为旅游景点，宋代以来渐成胜地，是人们追慕舜帝高尚品德的地方，"舜洞薰风"为桂林八景之一。

● 宋张栻《韶音洞记》拓片（桂海碑林博物馆供图）

　　《韶乐》相传是上古舜帝时的音乐，也称《箫韶》《九韶》《大韶》。据《竹书纪年》记载，舜帝继位后创作了《大韶》之乐。《吕氏春秋·古乐篇》也说，舜帝下令编修《九韶》《六列》《六英》等以明确帝王之德。孔子称赞韶乐尽善尽美，在齐国听到这种音乐后发出了"三月不知肉味"的感慨。韶乐在中国古代社会影响深远，一直被作为最高等级的宫廷雅乐，在不断修改完善中传承，对古代政治文化产生了巨大影响。古人认为其乐曲中蕴含丰富的政治伦理思想，体现了以德治国、以人为本、天下和谐、教化子民等政治理念。

　　南薰，指《南风》歌，相传为虞舜所作，辞曰："南风之薰兮，可以解吾民之愠兮。南风之时兮，可以阜吾民之财兮。"《史记》记载舜帝歌咏《南风》，从而天下大治，《南风》歌表现了舜帝关爱人民、关心民瘼的高尚品格。

　　张栻在重修虞山之麓的虞舜庙后，请好友朱熹作记，并将记文刻于山崖，在刻碑过程中发现了虞山脚下一个岩洞，此洞南北贯穿，北面出口外为皇泽湾。洞内钟乳石状类动物，如虎豹龙蛇之类，张栻将此洞命名为韶音洞。第二年又在韶音洞南口东侧发现一处比较平坦的小丘，这里面临漓江，视野开阔。于是张栻又在此地建亭，名南薰亭。这样，今后前来舜庙祭祀的人就会有观景休息的地方了。不仅如此，人们游于韶音洞、南薰亭，可以受到舜帝思想的熏陶，怀念舜帝的恩德，"后人徘徊于斯地，遐想箫韶之音，咏歌《南风》之诗，鼓舞而忘归也"，这才是他开发岩洞、修建亭子的真实用意。

摩崖位于桂林市虞山韶音洞。高66厘米，宽172厘米。真书，字径3厘米。刻于淳熙四年，公元1177年。石刻部分缺失。

胜迹永流传
——宋易袚《真仙岩亭赋》

融水县,南朝时为齐熙郡,隋朝始置融州,后撤。唐高祖时设融州,并将义熙县改名融水县。宋皇祐间以融州属宜州,崇宁间置清远军节度使。明洪武间降为县,并分置罗城县,割部分地区归怀远,属柳州,清代亦然。

真仙岩,又称灵岩、老君洞,因山洞中一块白色钟乳石形似道教创始人老子,头发胡须惟妙惟肖。传说老子曾游历至此,对当地人说,此洞为天下绝胜,我就归隐于此,一夜之间幻化成石像,老君洞也由此得名。宋真宗时颁赐宋太宗御书120轴藏于洞内,因此改名真仙岩。洞内另有其他造型奇特的钟乳石,酷似青牛、白鹤、芝田、丹井、仙床、玉匣等。真仙岩内有溪流名叫灵寿溪,相传老子经过此地,将仙丹投入水中,饮用溪水的人都能延年益寿。灵寿溪从洞内穿过,溪水澄清犹如月光倒映深潭,名为水月洞天,是融县老八景之一。古人将真仙岩主要景点总结出八景,分别是天柱石星、龙泉珠月、鹤岩旭日、牛渚暝烟、寒淙飞玉、碧洞流虹、群峰来秀、万象朝真。真仙岩自北宋开始声名

● 宋易祓《真仙岩亭赋》拓片（广西壮族自治区博物馆藏品）

鹊起，成为文人墨客争相前往的地方。陶弼《题真仙岩》诗云："溪僧过此说山公，避遍真仙洞府中。乳石崖边得灵草，可能封裹寄衰翁。"张孝祥摩崖大书"天下第一真仙岩"。范成大在《桂海虞衡志》中说真仙岩"世传不下桂林"。《舆地纪胜》称赞："玉融山水为天下最，而真仙、老人岩之类又其最也。"民国时期编修的《融县志》在提到真仙岩时说："桂林山水甲天下，融县虽望尘不及，然自北宋以还，恒为名流硕彦、迁客骚人屐齿所必经，蓋尔仙岩，且邀宸赏，其概况可知。"同时，宋代也是真仙岩开发建设的鼎盛时期。南宋绍定元年（1228）始，真仙岩迎来了大修大建，前后持续20余年。主持此次兴建工程的是一个叫杜应然的道士，他原籍浙江，自号懒庵野叟，跟随父亲宦游广西，并在广西定居。杜应然一心修道，于嘉定年间来到真仙岩，看到岩内胜迹，又痛心于岩洞无人管理，以至于神像破坏，猪羊等牲畜在洞内肆意践踏，于是发愿在此地修行六年，真仙岩在他经营之下也焕然一新。其后在地方官府支持下，他成为真仙岩道观住持，开始修复真仙岩，重修道观，新增花木、亭台楼阁等景观和观览设施。经过杜应然的精心营建，真仙岩规模宏大，盛况空前，这些在其刊刻的《融州老君洞敕赐真仙岩之图》有完整的体现，图中标注的景观有60多处。而杜应然，后世也流传着他成仙的故事。据说他在真仙岩修炼多年后，有一天洞中溪水干涸，杜应然从中得到一个聚宝盆，将金银放置其中，可以再生，于是他出资修建了龙鳞街、真仙岩洞门、三石桥以及亭台楼阁、庙宇等建筑。杜应然寿至80多岁，他在羽化前将聚宝盆交给县中府库，经过县中雷神祠的时候，突然间风雷大作，杜应然也飞升而去，人们便把此地叫作南天门。

宋代真仙岩开发和游览之盛，从遍布岩洞中的摩崖石刻中也能看出。真仙岩有唐至民国石刻136件，其中宋代就有97件，这足以反映宋代真仙岩的游览盛况。融州历代知州，如欧赓、刘继祖、黄杞等，都在任上修建真仙岩景观。南宋嘉定初，融州知州鲍粹然于真仙岩前建亭，工成之后，他请当时谪居融州的易祓为其题写亭名，并撰文留记。易祓字彦章，一字彦祥，号山斋居士，湖南宁乡人。宋淳熙十一年（1184）状元，官至礼部尚书兼翰林院直学士。因与时政不合，被贬谪融州（今广西融水县）。曾应广西转运判官方信孺之请，题写"世节堂"三字刻于桂林月牙山龙隐洞口。

"赋"这种文体在广西古代石刻中极为少见，易祓以"赋"为文体，先赞美了真仙岩的景致，然后重点对郡守鲍粹然建真仙岩亭重现胜迹的功劳进行了赞美。构思巧妙，展示了作者深厚的文学功底。

石刻原位于柳州市融水县真仙岩，已毁，广西壮族自治区博物馆藏有拓片。《中国西南地区历代石刻汇编·广西省博物馆卷》标注拓片长（高）115厘米，宽50厘米，碑额隶书，正文楷书，跋语行书。碑刻四周有回纹，碑额阳刻。刻于嘉定二年，公元1209年。

合浦遗珠
——元范梈《海角亭记》

范梈，字亨父，一字德机，人称文白先生，清江（今江西樟树）人。历官翰林院编修、海南海北道廉访司照磨、福建闽海道知事等职，有政绩，所到之处，兴办学校，教育民众，且不畏艰难险阻，巡查遍及海南各偏远地方，亲自审查案件，澄清和洗刷了许多沉积多年的冤假错案，后以疾归。其一生恪尽职守、清正廉洁，为人正直，具有君子风范，深得时人和后人的赞誉。其诗好为古体，风格清健淳朴，用力精深，与虞集、杨载、揭傒斯被誉为"元诗四大家"，有《范德机诗集》。范梈善书法，精篆、隶，其隶书得到赵孟頫赞许和推崇。

合浦位于南流江入海口，是古代海上丝绸之路的始发港，建置历史悠久，汉武帝元鼎六年（前111）置合浦郡及合浦县，郡治合浦县，此后合浦一直作为州郡一级行政区的治所。唐贞观八年（634）越州改称廉州，据元代廉州路总管伯颜《海角亭记》中所言，改名与东汉时期廉吏孟尝有关。合浦盛产珍珠，是当地百姓赖以生存的产品，前任合浦郡守多贪墨，索求无度，结果珠蚌逃离到临近的交趾，合浦不再产珍珠，造成商业衰败、经济萧条。自孟尝任合浦太守后，革除弊政，珠蚌又重新回来，合浦再次出产珍珠，从而出现了"珠还合浦"的景象。唐太宗时为约束贪腐，故以"廉"作为州名。

海角亭始建于北宋真宗景德年间（1004—1007），为纪念孟尝而建，之所以用海角命名，是因在古人的认知中，廉州海岸线在此弯折，犹如大海之角，因此称此地为海角。到元代，海角亭已毁，范椁访得故址，命地方官员负责重建。至明中期，因海岸线侵蚀，海角亭历经多次迁建，最后于隆庆间（1567—1572）迁至今址，今天海角亭位于合浦县廉州镇廉州中学内。海角亭是廉州标志性的建筑，明陈崇庆《海角亭》诗云："习闻海角共天涯，此日登临望转赊。青草寒潮迷极浦，苍山斜日拥晴沙。梦回江上三秋雁，笑对尊前二月花。愧我南冠归计拙，逢人空自说还家。"海角亭还在原址之时，因濒临大海，每当潮汐来临之际，在亭内便可听见滚滚潮声，"海角潮声"为廉州八景之一，明代朱勤有《海角潮声》诗："孤亭近海海门限，时听潮声海上来。万水有波俱喷雪，九天无雨自鸣雷。沙头震动鸥群散，枕上惊残客梦回。消长古今同一理，险夷犹自在灵台。"明代于海角亭旁建海天书院，从此海角亭与当地的教育事业紧密相关了，海天书院也发展演变成如今的廉州中学。

大文豪苏东坡与合浦、与海角亭也有过一段渊源。宋元符三年（1100），被贬海南的苏东坡遇赦北归，途经合浦，时端州（今广东肇庆）知州郭祥正还寄诗一首，即《寄子瞻自珠崖移合浦》，其诗云:"君恩浩荡似阳春,海外移来住海滨。莫向沙边弄明月,夜深无数采珠人。"苏东坡在此逗留了一段时间,为解决当地人民饮水难题,出资开凿了一口水井,人们为了纪念东坡先生,将其命名为东坡井。身为老饕的苏东坡,对合浦的龙眼大加赞赏,认为其可与荔枝相媲美。众所周知,苏东坡对荔枝十分喜爱,曾写下"日啖荔枝三百颗,不辞长作岭南人"的著名诗句,对合浦的龙眼,他也挥毫写下了《廉州龙眼质味殊绝,可敌荔枝》的五言律诗:"龙眼与荔枝,异出同父祖。端如柑与橘,未易相可否。异哉西海滨,琪树罗元囿。累累似桃李,一一流膏乳。坐疑星陨空,又似珠还浦。图经未尝说,玉食远莫数。独有皴皮生,弄色映琱俎。蛮荒非汝辱,幸免妃子污。"东坡先生还为海角亭题写了"万里瞻天"匾额,东坡手迹早已不存,今天人们所见,乃后人集东坡字而成。亭内曾悬挂苏东坡遗像,清代乾隆年间进士冯敏昌到海角亭拜谒东坡遗像,并留诗《海角亭谒苏文忠公遗像》,其中有"坡公精神逮千载,海山柱石吁嵯峨"之句。

合浦在汉代以后地位大不如前,"地僻远,加瘴疠,自古以来,非谪徙流离之士鲜至焉"。属于边徼之地,瘴疠之区,到此地的官僚士大夫多为流放之人,或者自认为等同于流放,因而来此之人大多心情抑郁。范梈以无罪之身来此绝远之地,别人不免为其担心。而范梈认为这正可以磨炼心志,培养忠正之心,他重建海角亭也正是基于这种想法:"登斯亭者,有能驱去流俗之悲,涵养孤忠之气,把酒赋诗,凭高瞰远,反而求之,何往而不得所适哉!"希望登临海角亭的官员凭高远眺,面朝浩瀚的大海,能

● 元范梈《海角亭记》拓片（广西壮族自治区博物馆藏品）

够忘掉谪迁的伤感，在逆境中涵养忠贞自持的气节，而不是单单只为观景。借助汉代孟尝、宋代苏东坡的文化形象，海角亭被赋予了清正廉洁、积极向上的精神内涵，这也是它能屡废屡兴的重要原因。

碑刻原位于北海市合浦县，已毁，广西壮族自治区博物馆藏有拓片。碑额与碑身分开拓，碑额篆书，碑身正文隶书。《中国西南地区历代石刻汇编·广西省博物馆卷》标注碑额拓片长45厘米，宽60厘米；碑身拓片长165厘米，宽83厘米。刻于元延祐三年，1316年。

古代的自然景观保护
——元郭思诚《新开西湖之记》

西湖，在桂林城西西山下，旧名蒙溪，唐代李渤开辟隐山时也开发了西湖，"蒙泉、蒙溪在隐山下，唐李渤开隐山，名其泉曰蒙泉，引泉出山，名曰蒙溪，引溪为湖，成巨浸，名曰西湖"。《临桂县志》中说蒙泉、蒙溪都在隐山下，唐代李渤为它们命的名，蒙泉之水引出之后形成的小溪流就叫蒙溪，李渤将蒙溪水导入一片洼地，最后汇成湖，称为西湖。因为水源来自泉水，所处又是山下低洼之地，所以不需要耗费太多人力。当时的西湖，周围约五六里。唐代的西湖，除了有游览功能外，还是桂林人获取水产之利的地方，湖中鱼鳖、莲藕等，任百姓取获，时人的遗憾就是西湖不够大，不能再多产出。其后西湖逐渐扩张，鼎盛时，水面有七百余亩。西湖成为桂林人泛舟游览之地，热闹非凡，"方舟荡漾，靡微风，镜清波，棹女唱，榜人歌"。景色优美，"胜概为一郡甲"。随着时间流逝，占湖为田现象严重，水面急剧萎缩，宋张维于乾道四年（1168）疏浚西湖，增建闸门，新建瀛洲、怀归、望昆三亭和湘清阁，西湖重现往日风采，鲍同为撰《复西

● 元郭思诚《新开西湖之记》拓片（桂海碑林博物馆供图）

湖记》盛赞道："遂使西湖胜概翛然如立尘寰之表，江浙虽称，亦未能远过焉。"直与杭州西湖相提并论。《永乐大典》中列天下西湖之著名者，其中就有桂林西湖。张维之后，范成大将朝宗渠与西湖连通，导漓江入西湖，水源更有保障。其后，张栻将西湖辟为放生池。西湖游览在宋代达到高潮，其荷花尤为人称道，诗人刘克庄《泛西湖》称："桂湖亦在西，岂减颍与杭。丹桥抗崇榭，渌波浮轻舫。休沐陪胜饯，轩盖何炜煌。停桡藕华中，一目千红裳。"宋代石刻中也多次提到时人"泛西湖"的场景。

到元代，西湖又被侵占，郭思诚重新恢复。郭思诚生平不详，其在广西宪司下任职期间，为桂林景观建设做了不少工作，修建瑞莲亭、拱极亭、尧庙。郭思诚为治理西湖花费了一番功夫，首先是用"西湖所在，皆胜概也"对西湖的地位做一个总体评价，紧接着又对桂林西湖的历史渊源做了阐述，西湖是唐宋名贤所开发，宋代还成为放生池，故西湖"非特游赏之所"。接下来又从城市风水学的角度出发，论述了西湖对桂林的重要性，"桂林山有余而水不足"，西湖偌大一个天然水域，为龙脉所聚，是桂林一城形胜之地。最后又讲到西湖"消失"之经由，元初，地方政府为解决经费问题，以西湖养鱼盈利，后来西湖被"猾徒"租佃，且采取欺瞒手段围湖造田，占为己有，并出售给他人。对这种行为，地方官府却不闻不问。后至元二年（1336）郭思诚因编纂《桂林郡志》，详细考察了桂林的历史、地理，了解了西湖的历史状况，并派人实地踏勘核实，疏浚源头，阻塞排水渠，拆毁堰坝，退田还湖。然后销毁售田契约，由官府张榜禁止侵占西湖。经过治理，西湖很快恢复原貌，"芙蕖荇藻复生，远迩人皆欢喜"。时至今日，西山荷花仍然是桂林一景。

其后西湖又屡被围垦，到了清代，大部分水域已消失，查淳《留别隐山诗并序》云："西湖久已属平畴，石壁嶙峋翠四周。览胜襟怀不忍别，爽人风景正逢秋。"阮元也发出了"何人能复，西湖之旧"的感慨。虽然有人试图部分恢复，但依然挡不住围湖造田的脚步，清末的西湖变成了稻田环绕之地。

《新开西湖之记》不仅是古代桂林山水景观开发保护的历史见证，也是反映古人环境治理的重要文献。

摩崖位于桂林市西山之千山东南山麓。高79厘米，宽68厘米。真书，碑题字径7厘米，正文字径2.5厘米。刻于元顺帝至元三年，公元1337年。

靖江王的精神世界
——明朱佐敬《独秀岩西洞记》

靖江王建藩邸于独秀峰之下，"（宫殿）朱邸四达，周垣重绕，苍翠所及皆禁御间地"，独秀峰成为靖江王府后园。经过历代藩王建设，"彤亭画观上出云表，下瞰清池，最为诸山丽观焉"。其游观建筑包括清樾、喜阳、拱秀、望江等亭，凌虚台，中和馆，延生室，可心轩，修玄所，拥翠、平矗、拱辰、朝天等门，玄武阁，观音堂、三官庙、灵官、山神祠等庙宇神祠。

明代分藩出于"据名藩，控要害，以分制海内"，以达到"外卫边陲，内资夹辅"的目的，同时又加以限制，宗室变成不仕、不农、不工、不商的寄生阶层，只能在精神领域有所寄托。靖江王自洪武九年（1376）之藩桂林，前后共传11世14王，延续了280年。历代靖江王及宗室成员中有不少人通诗书，时人对他们的称赞集中在这些方面。辅国将军朱相继"务读书好礼，尚内重外轻"，其子奉国将军朱规聪，"风神洒落，有李长庚之雅致；玉骨清古，得赵松雪之孤标"，其孙朱约"忘情轩冕，雅志云泉。书叶晋而弄翰，诗准唐以成篇。人知为儒林之彦，而不知为宗室之贤也耶"。靖江王及其宗室平日里只能"放浪于山林间",与缙绅士大夫、词人墨客交游,"恒与之觞咏"或"焚香弄翰,瀹茗赋诗",其间个别之人"以有用之才,限于本朝法制,终老此堂"。桂林石刻中留存了与靖江王府有关的约150件,其中直接由靖江王及其宗室题刻的约有50件。

朱佐敬(？—1469),靖江悼僖王朱赞仪庶长子,永乐九年(1411)袭封靖江王,成化五年(1469)薨,在位58年,为靖江诸王中在位最久者。在位期间多有不法之事,与其弟奉国将军朱佐敏相互攻讦,死后谥"庄简"。《粤西文载》记其:"天性孝友,书史无所不读,善楷书,颇得钟王体,国中及诸寺观匾额多出楷书。"在独秀峰留下摩崖石刻3件:《独秀岩西洞记》《独秀岩记》《游独秀岩记》。

西洞,在独秀峰西,即后来所谓之太平岩。元顺帝蛰居桂林时曾于洞中刻佛像,"时至顺壬申夏孟,上位潜光本寺,亲手刻石,成诸物像,臣僧师澄聊陈鄙语,以记不朽"(《僧师澄题妥欢帖木儿刻画诗并序》)。正统九年(1444),朱佐敬再次发现西洞,后来因有人在其中为非作歹,洞门封闭。嘉靖十二年(1533),十代靖江王重开西洞,"独秀山旧有岩曰西洞,封闭岁久,嘉靖癸巳孟冬,予始复开",建设中发现太平通宝一枚,以为吉兆,遂将此洞命名为太平岩。

西洞周边环境幽雅,竹木葱茏,又有灵鸟聚集,幽静不为外界打扰,是清修的好地方,于是朱佐敬在洞前修建佛塔以崇佛法,又在洞内塑装哪吒、玄帝、雷祖天师、观音、普庵诸神佛之像,

● 明朱佐敬《独秀岩西洞记》拓片（广西壮族自治区博物馆藏品）

以期待诸神佛能保佑"永镇兹藩"。

朱佐敬通过论述人与自然景观的关系，文章、神佛与自然景观的关系，表达了自己立佛、撰文的目的，认为胜境必然是因人而显，若不著以文，也会湮没无闻，这是唐宋以来人们的普遍观点。同时，又认为景以神佛显，即所谓"山不在高，有仙则名"，希望通过著文、建塔、塑像使后来者了解西洞的来龙去脉。

《独秀岩西洞记》也是靖江王崇尚宗教和独秀峰佛教发展的反映。独秀峰下宋代建有铁牛寺，寺有塔，有藏院，见绍兴四年（1134）《孙觌等五人读书岩题名》。元代称大圆寺，元顺帝即位前被贬广西，曾居住在此，后改称报恩寺、万寿寺。明代藩王政治上受到种种限制，往往将精神寄托于他处，其中宗教是一个重要方面。朱佐敬崇尚佛法，与云水僧常澍交往密切，曾延请常澍为世子师，他自己法名福钦，又请常澍为王妃、世子、郡女取法号及别号。

摩崖位于桂林市独秀峰太平岩。高50厘米，宽45厘米。真书，字径2厘米。刻于正统九年，公元1444年。碑刻大部已毁，广西壮族自治区博物馆藏有损毁前拓片。

沧海桑田的见证
——明重刻宋陶弼《题三海岩》

三海岩位于钦州市灵山县石六峰下，石六峰又名西灵山。据《（嘉靖）钦州志》载，山在灵山县治西约一里，为平地突起的石山，其山有六峰，灵山县得名也与此山有关。六座山峰耸立，其中一峰名为龟峰。龟在传统文化中代表长寿、吉祥，与"麟、凤、龙"合称四灵，是祥瑞之征。于是该山也叫灵山，而县城也以此为名叫灵山县。从县城看，石六峰犹如一道屏风，因此被列入灵山八景，称"石六锦屏"。三海岩包含龟岩、月岩、钱岩三洞，相传有人藏钱于此洞，上山砍柴的樵夫想尽各种办法都无法将钱取出。宋代钦州知州陶弼见洞内有海洋生物遗迹，认为此地曾为大海，故命名为三海岩，并作诗一首："灵邑西南古洞天，我来方信海为田。无名不入州图载，有路空闻野老传。此日登山人采蚌，当时饮马客留钱。颜公昔记麻姑说，三变柔桑事果然。"岳飞之子岳霖有《过灵山述怀》诗刻于洞内。宝祐四年（1256），郡丞吴文震过灵山，游三海岩，题诗二首，其中一首为："森森翠玉护花城，突兀如开古锦屏。石耸六峰鳌载首，岩名三海蜃遗腥。

● 明重刻宋陶弼《题三海岩》（作者供图）

凤仪栖处钟人瑞，蟾窟光中泄桂馨。此地自融春淑气，谁将铜臭污山灵。"明代为三海岩游览的鼎盛时期，明人在石六峰下修建了环秀亭、虚通堂，三海岩前建足音亭、海岩亭等观览建筑。都指挥使汤节题诗："昔年沧海今桑田，老蚌珠螺犹在土。何时仙子几经游，幻出灵峰近天府。"广东布政司左参政黄镐有诗："步入三岩路，寒泉照眼清。林疏山月白，云黑雨龙醒。螺蚌生陵谷，龟鳌负石局。寻幽豁清兴，歌罢咤山灵。"林长存诗："豁尽群荒路宛然，一肩藜杖挂秋烟。拟寻汉水浮槎客，却忆缑山跨鹤仙。地涌鲛宫疑碣石，天回鳌海忽桑田。灵源若果通勾漏，金井丹砂可再传。""三海风云"也成为灵山八景之一。

陶弼（1015—1078），字商翁，湖南永州祁阳人。庆历间（1041—1048）跟随杨畋平定湖南地方少数民族起事，以功补授衡州司户参军（为知州的辅佐官，掌管户口、赋税和仓库的官职），后来又调阳朔县主簿，掌管文书，同时还负责收税、出纳财务等。其后又随同杨畋征讨侬智高，升县令。在阳朔县令任上，他督促百姓于官道两旁广植树木，在县境内形成了上百里的林荫道，从此来往之人在夏秋两季就能免受烈日之苦，其他地方纷纷效仿。历知宾、容、钦等州，知邕州时，邕州才遭战乱，民生凋敝，他将精力放在让百姓休养生息上，并妥善处理民族关系。邕州地势比较低，容易遭受水灾，他提前预备抵御洪水的物资，亲自率领军民抗洪，发仓赈济灾民。后迁崇仪使，转康州团练使。熙宁九年（1076）再知邕州。《宋史》称其"好士乐施，所得俸禄，悉以与人，家至贫不恤也"，以至于卒后，其妻只能租房。陶弼工诗，著有《李陶集》，他在广西写了大量诗文，《粤西文载》收录其诗49首。所编纂《钦州志》，已佚。

碑刻记录了三海岩发现和命名的经过。治平二年（1065），陶弼自钦州还，道经灵山石六峰，被此山景色吸引，并认为山下必然有岩穴之胜，于是命地方官员开山治路，果然在榛莽之中发现三个岩洞，其一顶上透光，如同月牙，故名月岩；其一形似巨龟，故名龟岩；其一洞顶犹如钱币，称钱岩。陶弼在洞内岩石中发现了螺蚌等海洋生物残骸，因此怀疑此处在上古时期为海洋，出现了"沧海桑田"的变化，《诗经》中"高岸为谷，深谷为陵"的诗句并非虚言，遂以麻姑传说"东海三为桑田"之意，将三处岩洞统名曰"三海岩",并赋诗一首,打算将此处胜景列入新修的方志中去。通过观察古生物遗存来判断地质变化,说明宋代时人们对海陆变化有了一定的认识。

三海岩自陶弼开辟之后,遂成一方胜境,明清以来游人如织,为了纪念陶弼,嘉靖间地方官员们将他的文章刻在了三海岩内。

摩崖位于钦州市灵山县三海岩。高110厘米,宽240厘米。行书,字径8厘米。刻于嘉靖二十二年,公元1543年。

只令邕南忆董公
——明徐浦题"董泉"

　　董传策，字原汉，号幼海。明代南直华亭（今上海市）人，嘉靖二十九年（1550）考中进士，进入官场，在中央政府担任低级官员——刑部主事，这个岗位也是其一生的高光时刻。嘉靖中后期，首辅严嵩弄权误国，残害忠良，嘉靖三十七年（1558），刑部主事董传策与张翀、刑科给事中吴时来等三人弹劾严嵩，皇帝认为有人指使，震怒之下将他们交锦衣卫审问，追究主谋。其后董传策等三人被谪戍边远地区，董传策在南宁，吴时来在横州，原籍柳州的张翀则被贬去了贵州。董传策在南宁十余年，穆宗即位后，才官复原职。万历元年（1573）升为南京礼部右侍郎，随即有人弹劾他受贿，被罢官。后因虐待仆人引发众怒，为仆人所杀，结局令人唏嘘。清代道光年间松江人许仲元，与董传策有亲戚关系，其所著的《三异笔谈》对董传策被杀经过有详细的描述。

　　董传策将贬谪当作了一场旅行，一路上游览各地美景，并一一记录下来，编为《奇游漫记》。董传策在南宁长达十年之久，对当地产生了较大的影响。据研究者统计，董传策寓桂期间，共

童自水

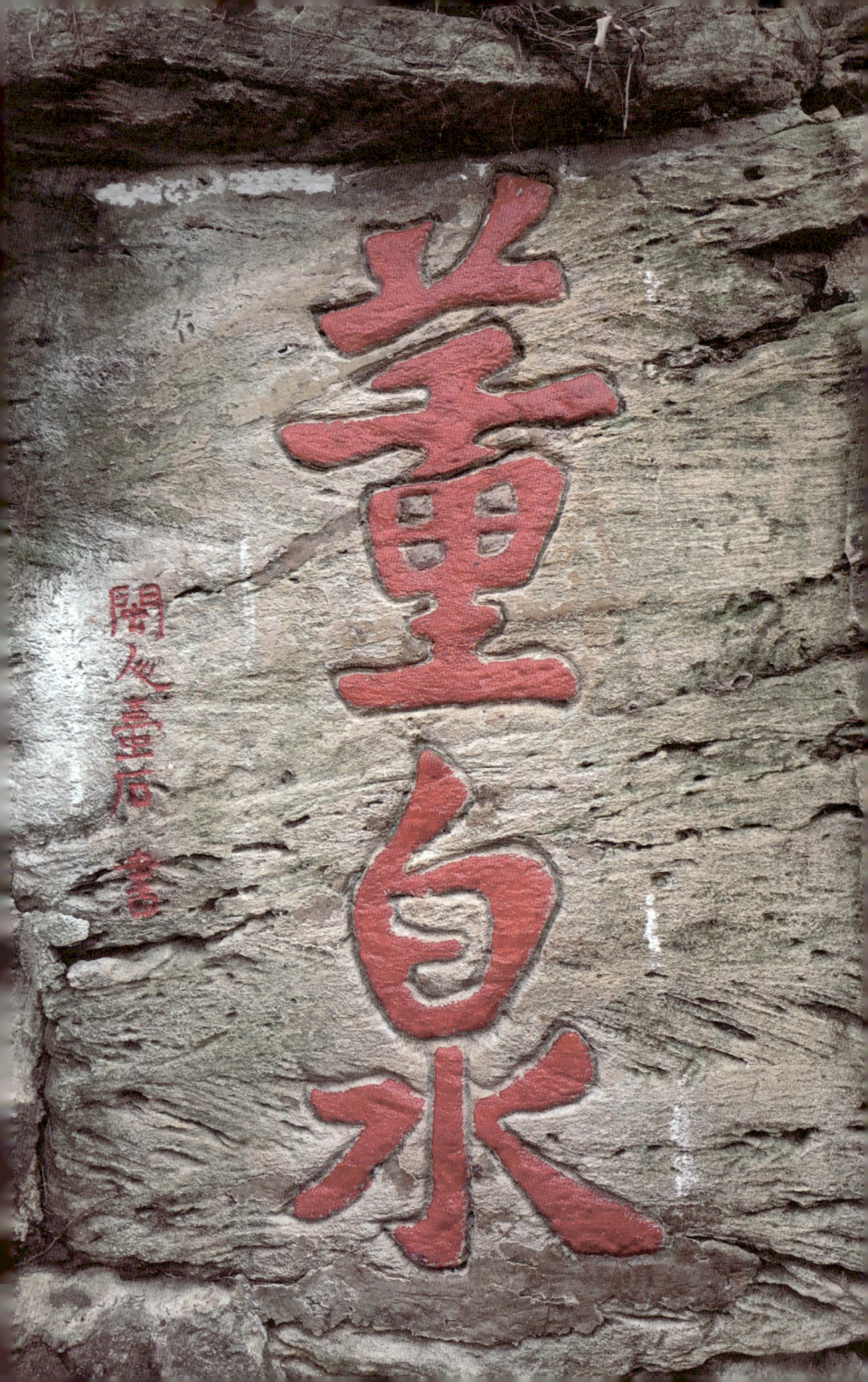

閩人童石 書

创作诗歌约850首。清初汪森曾评价他著述之丰富，无出其右者，在其辑录的《粤西通载》中收录董传策的诗文也是最多。《粤西山水歌》描绘了整个广西重要的景观，其首句"粤西山水甲天下"更是对广西自然风光的最高赞誉。

青秀山，位于南宁市青秀区邕江之畔，旧时也称青山、泰青峰。山势绵延雄壮，山上植被茂盛，环境优雅，明代南宁乡贤萧云举在《青山记》中称赞青秀山"山不高而秀，水不深而清"。青秀松涛为南宁八景之一。在唐宋时期就有僧人在山中建庙，其中位于山顶的叫白云寺，山中的寺庙名万寿寺，有撷青岩，其上镌"阳明先生过化之地"，为嘉靖四十年（1561）左江兵备道欧阳瑜所刻，欧阳瑜是王阳明的弟子。阳明先生即王守仁，"阳明"是他的号，也被世人尊称为阳明先生，生活在明中期，是我国古代伟大的哲学家、思想家、政治家、军事家。嘉靖初年，王阳明奉命来广西平定地方动乱，事后为安定社会秩序，推行德政，深受百姓爱戴。他最重要的政策就是兴办学校，大大促进了南宁地区文化教育事业的发展。欧阳瑜刻碑的目的就是为了纪念王阳明的这个贡献。

董传策的到来，将青秀山的开发建设带入了一个高潮。董传策虽然是以罪人的身份来到南宁，但他弹劾严嵩的行为为他赢得了广泛赞誉，南宁地方官员及士绅们视他为英雄。谪戍的身份又

● 明徐浦题"董泉"（作者供图）

迫使董传策不便于在南宁府城内招摇，于是大江对面，离城不远不近的青秀山成为了他的寄托之所。于是乎地方长吏出面在青秀山为董传策修筑了洞虚亭、白云精舍、董泉亭。董传策记录、歌咏青秀山的诗文达到30余篇。万历间，乡贤萧云举在青秀山建青山寺，并于寺旁造九层佛塔一座，名唤龙象塔。抗战时，当地政府担心这座高大的建筑成为日寇飞机轰炸的导航，将其拆除，后于20世纪80年代重建。世人总结出青秀山八景：泰青远眺、餐秀观澜、山房夜月、沙浦渔灯、夕阳塔影、子夜松风、江帆破浪、凉阁听泉。

董泉由董传策于杂草丛中发现，泉水甘洌，为了方便取用，董传策在泉眼处安装了一个石雕龙头，附近村民到此取水比到江中取水方便了很多，往来游客更是依赖此泉解渴。董传策在泉下又开凿一方水池，于池中种植莲花，并命名为"青莲池"。最初，董传策将这眼山泉命名为混混泉，"混混"同"滚滚"，形容水奔流不绝，《孟子·离娄下》中有"源泉混混，不舍昼夜"，《晋书·傅咸传》中说"江海之流混混，故能成其深广也"，比喻做学问要追求本源才能远大。泉上建有"混混亭"。董传策对此处十分中意，写下了《咏青山泉》和《响泉歌》，其中《咏青山泉》云："泉水濯人缨，斯泉濯其志。濯缨去外尘，濯志安汝止。泉水洗人耳，斯泉洗其心。洗耳驱外响，洗心湛天真。有源委大廓，源清流不浊。本来非物染，无洗亦无濯。"此诗也正是他心志的表达。后来徐浦依据古人用开发者命名景观的习惯，并为赞扬董传策的品格，将混混泉改名为"董泉"，并赋诗："石隙鸣泉泻，秋深玉髓流。精灵涵太始，澄澈浚源头。出涧施千顷，余波沃九州。生民望龙雨，早晚此中求。"后来董泉又改名龙涎井，因泉水从龙头而出如龙涎。相传祷雨灵验，遇天旱，取泉水祈雨无不应验。

进入民国后，广西省政府一度计划开辟青山风景区。1936年春，当时的广西省打算以青山寺为基础，建设青山风景区，并成立了筹备委员会，计划将一些历史景观修复，同时创建一些新的游览设施。然而同年爆发了"两广事变"，广东、广西地方势力提出抗日反蒋，准备派兵北上，以蒋介石为首的国民政府调遣军队南下，几乎酿成一场新的混战。广西当局注意力全部转移到战争上，无暇顾及青山风景区建设。当年九月，双方和解，但因广西省政府迁回桂林，景区建设继续搁置。

1985年重建青秀山风景区，董泉、董泉亭、青莲池均得到重建，另外还在亭中立碑，刻董传策肖像。经清理的董泉恢复了当年的景象，董传策留给青秀山、留给南宁的精神财富一直流传，正如董泉边上那首摩崖诗歌所言："一脉甘泉泻石涌，石龙暂卧此山中。商霖自是苍生泽，只令邕南忆董公。"

摩崖位于南宁市青秀山风景区董泉。高100厘米，宽60厘米。楷书，字径35厘米。刻于嘉靖年间，保存完好。

武夫也有山水癖
——清杨彪《重修白龙洞记》

　　会仙山，因山上常有紫云玄鹤翱翔，如神仙在此相会，故名。古人又因其位于城北名之曰北山。山上有岩洞曰白龙洞，洞内钟乳石如龙形，当地传闻白龙洞与南山龙隐洞隔江相通。相传唐末河东人陆禹臣曾跟随衡山道士轩辕弥明学仙术，陆氏根据轩辕弥明提示，遍寻修炼之所，来到宜州，寓居一位吴姓读书人家中，吴生以之为师，跟随陆禹臣考察各处岩穴，最终选定会仙山白龙洞为修行处，在此隐居不出。陆禹臣亲手种植的桃树、石榴树常年不凋零，后来他修仙成功而去。山上有崔、莫二仙姑炼丹处，白龙洞前有石形似观音，洞前石井曾开出并蒂莲，被称为玉井，建有三官殿、真武殿等建筑。山背面有花婆岩、雪花洞、金仙阁。花婆岩有万寿百花仙婆庙。雪花洞内钟乳呈白色，钟乳石上有水渗出，其水甘洌，足以供洞外佛庵僧人使用，洞内寒气逼人，洞前庵堂祀观音大士。明代旅行家徐霞客游会仙山时夜宿雪花洞中。山顶平旷，有石盆，旁题"甘泉"二字，宋代时即有骑云亭，其后又有玄帝殿。有明代榜书"极高明""骑云"和清代按

清杨彪《重修白龙洞记》（作者供图）

察副使喻嘉宾《述职碑》。

宋张自明《白龙洞诗》:"白龙洞口白龙台,一俯南天眼豁开。苍壁漫题三数字,后人还笑我曾来。"明陈珪诗:"百丈峰峦面面奇,群仙曾此会襟期。云封洞口龙归久,风动松枝鹤梦迟。棋局几看销岁月,药炉那得疗疮痍。眼前世事愁无限,赢取秋霜两鬓垂。"知府杨信诗:"青峰碧嶂与天齐,一径凌空石凿梯。云气奔腾龙去远,松花摇落鹤来栖。楼台佛刹依山北,城郭人家傍水西。为作岭南风土记,尽将佳景职方题。"

会仙山高耸入云,视野开阔,袁缙《游会仙山记》说,登上会仙山顶俯瞰远近各山,四面环拱,河流出没,城市乡村历历在目。眼前风景如画,耳畔古寺钟声萦绕,不知不觉间让人有飘飘欲仙的感觉,当年的陆仙翁大概也就是这种感觉。他认为前人所评出的洞天福地,所附会的神仙修道处大约就是会仙山这样的地方。而"会仙远眺"也被评为宜州八景之一,赵一清有题诗:"纵目群峰图嶂开,万山飞翠点莓苔。天边忽见祥云起,疑是群真鹫岭来。"韦日华七律:"骑云绝顶放青眸,四面环山一望收。元鹤高低飞阁外,紫霞浓淡落峰头。天门事业齐霄汉,龙水帆樯近斗牛。目断碧空残照里,炼丹仙去不知秋。"陈启焯称"一览群峰都入目,丹炉药灶静无烟"。

会仙山保存有大量摩崖石刻及造像,以白龙洞周边最为集中,自宋代至民国,著名的有宋《五百罗汉名号碑》、《婺州双林寺善慧大士化迹应现图》、太平天国翼王石达开与部将《唱和诗》等。

杨彪,清代河南人,是驰骋沙场的武将,随同康亲王参与平定三藩之乱。他雅好山水,所到之处,皆登山临水享受自然风光,且所游必有记。康熙二十八年(1689)任广西柳、庆协副将,驻庆远府(治今河池市宜州区)。庆远府虽地处偏僻,但是景色宜人,尤其城北的会仙山更是宋代以来的重点名胜,历代皆有经营,亭台楼阁、神佛塑像俱备,是观景、礼拜佳处。三藩之乱平息后,社会才真正安定,面对因动荡破败的会仙山景观,酷爱山水的杨彪感到悲伤,于是决定重修,借助庆远府地方官员的力量,顺利完成会仙山白龙洞景观修复。

在工程结束后,杨彪撰文记录此事。在记文中杨彪对于"作文"的重要性发表了看法:人生短暂,即使不能立大功、垂青史,但也不能让自己的经历湮没不传。世事无常,贞石不朽,所以古人重视摩崖立碑以记事。在文章结尾,作者感慨会仙山之际遇,虽是名胜,但却因位于边远之地,远离文化发达之区而少人问津。如今虽然借众人之力,整修此山,今后的会仙山仍需具慧眼之人发扬光大。

摩崖位于河池市宜州区会仙山。高200厘米,宽108厘米。真书,字径3厘米。摩崖仿碑刻形制,圆首,碑首刻双凤朝阳图案。碑刻四周勾勒双边,中间饰忍冬纹。刻于清康熙三十三年,公元1694年。

白云深处有佳境
——清宦儒章《白云洞记》

　　白云洞位于今崇左市江州区白云山，因其山连绵不绝，山岩呈白色，山势陡峭如削，"如玉屏壁立"，山上常常有云雾缭绕，故名曰白云山。山下有溪流。山上岩穴众多，白云洞即其中景致最优的一个洞，洞中岩石纹彩绚烂，敲之其声如钟磬。白云洞里有一块天然奇石独立高耸，颜色斑斓，形似鹦鹉，故名鹦鹉石。清代查克寶题有"鹦鹉峰"三字。夜深人静之际，岩洞中会发出如油灯一样的光，射向天空，很久才又返回洞中，人们称之为佛灯。相传晋代炼丹家葛洪也曾在此炼丹，洞中尚有灶迹遗存。古人有诗曰："连翻双骑渡前川，元夕晴光溢峒天。胜迹忍闻仙脱徙，痴心只望佛灯传。岩悬奇石鸣钟磬，灶落丹坏带永铅。欲到帝乡还自信，片云孤鹤酒杯前。"白云洞自明末开始有游人涉足，洞壁有周璞所题"白云洞"榜书，清代民间有人在洞中供奉观音。清乾隆年间知府查礼、知县宦儒章等对白云洞景观进行了建设，修砌石阶，建设门户，使其成为当地一处胜景，"白云仙洞"被列入崇善（今崇左市区）八景之一，有诗称赞道："白云擘絮影重重，几片飞来洞口封。此日登临寻古迹，葛仙丹灶纪襟胸。"

查礼，字恂叔，一字俭堂，号铁桥，宛平（今北京）人。乾隆十五年（1750）由主事出任庆远府（治今河池市宜州区）同知，有惠政，当地为其立去思碑纪念。乾隆十八年（1753）升太平府（今崇左市）知府。在任数年，爱护百姓，关心读书人，令当地各项事业都有发展，为祈求风调雨顺而建龙神庙，撰有《丽水龙神庙碑》。为培养人才而重修学宫以兴文教，又修建丽江书院，并捐俸禄置田收租作为经费，延聘山长教导学生。以前，太平府士子参加科考需要长途跋涉到南宁，路途遥远，十分不便。查礼在崇左建考棚以便士子在本地应试。其他善政难以一一列举，当时人称赞他为第一循吏。其后以道员身份参加金川之役，负责督运粮饷，因功擢升四川布政使，再升湖南巡抚。在湖南期间曾寄诗给崇左地方人士，以表达怀念之情："瘴乡回首感离群，东望残春剩几分。灯下不闻西粤雨，梦中犹见左江云。旧题石壁苔应绿，新建关楼风正薰。自恨衰颜年七十，临书泪洒忆诸君。"太平府的人十分景仰查礼，立祠祭祀他。查礼喜好山水，精通诗文，在崇左、桂林等多地留下诗刻。查礼还工画，所绘山水花鸟都极其精致，尤其擅长画梅，书法学黄庭坚，有一定的造诣。

宦儒章在《白云洞记》中先是对白云洞得名由来进行了叙述，内容均来自前代方志，增加了山下泉水中有龙、天旱祷雨灵验的传说，此地成为有仙有龙之宝地。乾隆二十五年（1760），宦儒章在上司查礼的邀约下来游白云洞，其时山已荒废，无路可达，只能攀藤拊石，在石缝中转辗腾挪，艰难攀援而上。查礼在《白云

● 清宦儒章《白云洞记》（作者供图）

洞诗》中有纪实性的描写："取径石罅如猿跳，侧肩仰面更跧跾。扪萝拊葛穿空磿，腾踔而上惊患堕。"至白云洞中，见此洞清虚幽静，是赏游佳境。等到离开时，借助梯子才能下山。为了让众人都能游览此名胜之地，于是当即决定在此开路，并立刻付诸行动，自此"登临者免攀藤拊葛，咸以便称"。

白云洞地处边远，它的开发也比较晚，在查礼之前，虽然也曾有人光顾，却未能成为热点景区，最主要的原因是道路难行，难以抵达；其次，是洞内景观无人整理。经过查礼等人的努力，开通道路，整修了洞内景点，再加上他的引领效果，白云洞很快成为崇左热门旅游点。这就是"美不自美，因人而彰"的生动体现吧。

摩崖位于崇左市白云洞。高68厘米，宽34厘米。行书，字径1.5厘米。刻于乾隆二十五年，公元1760年。《（民国）崇善县志》收录全文。

吕洞宾在桂林的印迹
——清刘名廷《吕仙楼记》

今桂林市临桂区五通镇华岩山,古属义宁县地方,据万历年间《广西通志》记载,华岩也叫华岩洞,在义宁县西南二十里处,高约数米,洞内空间可以容几张床铺。岩前有水,相传古时有桃花从洞内流出。《(康熙)广西通志》记载与前代基本相同,但多出了"石壁有诗二绝"的内容,只是所谓壁间诗二绝并无清楚所指。清代道光年间编纂的《义宁县志》则进一步指出,岩洞崖壁上有吕纯阳(吕洞宾)题的绝句二首,但是字迹剥落,部分文字不可辨识了。岩洞下方有华岩庵,传说吕洞宾曾驻华岩,并有所谓以指甲题写的诗。吕洞宾,本名吕岩,生活于唐朝末年,据说还曾中过进士,有诗文传世,《全唐诗》收录其诗30篇,大多与道教相关。后吕岩修道成仙,为我国道教八仙之一,即人们熟知

● 清刘名廷《吕仙楼记》(作者供图)

呂仙樓記

自剝羊嶺迤邐百里,峭秀峰翔騫,南下結古東岩,迥然異矣。再折而東結華岩洞,丹崿翠壁,視昌黎奇遊昔贈韓湘不諦也。與辰歲義人欲踵事增華,謀易洞外小菴為樓,卜吉以請于余。余曰:盛菴首時也,成毀者數也,昔日之菴焉知不為今日之荒煙茂草也。為之菴,益義人固請余不能,卻眾欲任其咎。却顧如在懷抱,雄岳陽黃鶴二樓,不音也義人以余志正月余以公餘往現華予昌以是名之,因顏其額曰呂仙樓。且夫樓以仙名,亦徒然耀一時,武余觀古今來,滕王觀樹,圓圓沼池,如樓者苦可勝道。然而盛衰異數,成毀相反,者何即樓為之耶,柳非樓為永耶。蓋有人焉傳千古者,雖樓外之山川艸木亦被其榮,而嘗留即無樓亦樓也,無人以傅千古者,即樓內之烏革翬飛,六破其厚,而湮沒難有樓,亦無樓也。由此觀之,樓不誠以仙重,北不寧惟是,壁間桃花綠水之詠,漸薄蝕挹風雨脫,無樓以瞻仰之,將仙跡不著而洞,或不傅,亦非所以表華勝也。則斯樓天何可少也,宜乎義人以仙名之也。仙號洞實,又自號無心昌老云。

知義寧縣事兼署龍勝通判濱南目則劉名廷楷

邑廩生粟恆豐書丹

乾隆二十七年歲次壬午夏五月立

石匠周仁淋鐫

的吕洞宾，宋徽宗时封为"妙通真君（人）"，元世祖封"纯阳演正警化真君"，元武宗尊封"纯阳演正警化孚佑帝君"。《（嘉庆）广西通志》"仙释传"中有关于吕洞宾与广西的记载，说吕纯阳曾经在梧山休息，当地人于是建造了吕仙亭。吕仙与华岩的故事不知起于何时，但宋代方信孺游华岩曾题诗两首，从诗中或能有线索可考。方信孺诗其一："岩前绿水无人渡，洞里碧桃花正开。东望蓬瀛三万里，等闲飞去等闲来。"其二："跨鹤曾来不记年，洞中流水绿依然。紫箫吹彻无人见，万里西风月满天。"两诗分刻两石，第二首后有落款："嘉定九年十二月立春前一日本路运判莆田方信孺书　上石。"从方信孺诗中看出，在南宋末年，华岩就有吕仙的传说了。

乾隆二十五年（1760），义宁县人士欲增修华岩景观，将岩洞外庵改建为楼，请身为知县的刘名廷主持，他认为事有盛衰，物有成毁，因此是无益之举。但碍于众意难却，任其自为之。楼建好之后，刘名廷公余前往观览，被其壮丽震撼，认为可与岳阳、黄鹤二楼相媲美。因华岩有吕仙的传说，故而以吕仙来命名该楼。最后又对建楼与否发表了一番议论，在他看来建吕仙楼的目的并非为了炫耀，古往今来，各种建筑不计其数，有些流传后世，名垂千古，有些只能湮没在历史的尘埃里，为何会出现这样的情况呢，是因为楼的原因吗？假如有文字流传后世，那么不仅是楼，就连它周围的山川草木都跟着增辉；假如没有文字流传，即便是再辉煌的楼，也只会湮没无闻。吕仙楼以吕仙为名，若无此楼，华岩或许将不传于后世。

作者以吕仙楼的建设为切入点，表达了"景以人闻，物以文传"的道理，切合了古人"夫地因人弘，山自人显"的观点。

碑刻位于桂林市临桂区华岩。高170厘米，宽75厘米。真书，字径4厘米。刻于乾隆二十七年，公元1762年。碑刻内容分上下两部分，上部为续刻吕仙诗二首，诗文分列左右，中间为一幅画，画面中有亭、假山、勾栏，吕仙坐在一只展翅飞翔的仙鹤之上，吹奏一支箫。碑刻下部为《吕仙楼记》。

石刻中的长寿故事
——清杨奎《宁寿亭记并诗》

永福县百寿镇历史悠久，据《(光绪)永宁州志》记载，此地在西晋武帝时为常安县地，唐代改慕化、淳化县，唐末称古县，沿至宋元。明初改古田县，地方不靖，尤其以韦朝威、韦银豹父子领导的古田起义声势最为浩大，持续百余年，至隆庆初年为明廷镇压。为加强地方治理，明朝升古田县为永宁州，辖永福、义宁二县，隶桂林府不变，清代仍之。

位于永宁州城东约半里的百寿岩，古称夫子岩，又因为南宋时知县史渭于岩中刻"寿"字，也称寿字岩。史渭所刻"寿"字其中包含了百种古体"寿"字，故该岩又叫百寿岩。传说岩前有丹砂井，《广舆记》载东汉时期曾经有一位叫廖扶的人，家中有丹砂井，全族人饮此井水，都寿过百岁。

史渭刻寿字，大概是因为廖扶的传说。在此后相当长的时间里，百寿岩沉寂了，直到隆庆初年古田县升格为永宁州，正如俞大猷百寿岩题诗中所言"开辟千年今再见"。来此游览的不论是百战之余的武将还是临土治民的长吏，都期待长治久安，万

● 清杨奎《宁寿亭记并诗》拓片
（桂海碑林博物馆供图）

历间任永宁参将的童元镇所题"贻安启祚"榜书就是代表。望北亭的修建与重修，则是地方恢复的见证（陈荣《重修夫子岩望北亭记》）。

杨奎于清乾隆三十四年至三十七年（1769—1772）间知永宁州，其间认真履行"教化百姓"的职责，建设桥梁，方便百姓出行。杨奎任职时正值清朝鼎盛时期，境内安定，他可以从容悠游其间，岩洞内其所题"空谷遐心"榜书即心境的体现。杨奎对境内的历史人文地理进行踏勘考证，对丹砂井、宋史渭刊"百寿"、赵孟頫书"宁寿"进行考证，又"时或按其图记，考其林泉，迹其名宦高贤流风余韵"，在充分了解了百寿岩的历史人文后，开始了对此天作之景的建设，在岩畔建亭以便游览。

杨奎对于新造之亭的命名也是煞费苦心，在对比了宋代"岘山亭"（位于湖北襄阳，纪念西晋羊祜，北宋时扩建，欧阳修撰《岘山亭记》）、"喜雨亭"（位于陕西宝鸡，苏轼所建，并作《喜雨亭记》）、"丰乐亭"（位于安徽滁州，欧阳修建，自撰《丰乐亭记》）、"快哉亭"（位于今湖北黄冈，北宋张梦得建，苏轼命名，苏辙作《黄州快哉亭记》）等四座名亭的命名原因，都是以物托心后，他认为是否要依据心情、是否寄托于事物，都无所谓。最终决定以岩洞石壁间镌刻的赵孟頫书"宁寿"二字为新亭之名。赵孟頫，元代著名书法家、画家，与欧阳询、颜真卿、柳公权并称"楷书四大家"。"宁寿"二字不知刻于何时，亦不知是赵孟頫为百寿岩所题或是后人将赵氏之书转刻于此。虽然杨奎强调了不在乎是否"得于心""寓之于物"，但"宁寿"二字包含了永宁州之"宁"与百寿岩之"寿",寄托了安宁长寿的美好愿望,正符合杨奎所谓"公余之下,与吾民赓歌仁寿,共乐盈宁"的追求。

最后杨奎又将此间之乐与魏晋之际的竹林之游、河朔之饮、西园之集相比较。这些历史上著名的文人聚会活动,参与者都是一时之人杰,对后世文人影响深刻。但在杨奎看来,在安静祥和的环境下、美好的季节里,与好友欢聚于亭中,开怀畅饮,其欢乐并不下于那些名人雅集。

碑刻位于永福县百寿岩。高51厘米,宽205厘米。行书,字径3厘米。刻于清乾隆三十五年,公元1770年。

一个士绅心中的仙道
——清李燕昌《重修勾漏洞天记》

勾漏洞位于玉林北流市东约5公里的勾漏山下。北流历史悠久，人文荟萃，清光绪年间编著的《北流县志》描述说：北流古称勾漏仙乡，山川明秀，民风朴雅，因此对外来人士很有吸引力，同时又是广东、广西两省接壤之地，有水路可以入海，过往的迁客谪宦为数不少，其中名气较大，留下印迹能为本土增辉者有东汉伏波将军马援，唐代名臣李德裕，宋代苏东坡、李纲，这些名人"洵足以浣涤烟岚、增辉水石者也"。除此之外，北流还有大批值得称颂的人物。勾漏洞因其"勾、曲、穿、漏"的特点得名，由宝圭、玉阙、白沙、桃源四洞组成，总长度有一千多米，有旱路，亦有水路，是道教"三十六洞天"的第"二十二洞天"，洞内有"第二十二洞天""廿二洞天"摩崖石刻。宝圭洞即勾漏洞正洞，充满神话传说，相传晋代葛洪曾在此炼丹修道，并成仙飞升，勾漏仙踪为北流八景之一。据称晋代曾设立勾漏县，县治就在今勾漏山前，葛洪听说此地产丹砂，于是特意向朝廷请求担任勾漏县县令。洞内石钟乳千姿百态，形象有炼丹炉灶、床榻桌椅、餐

清李燕昌《重修勾漏洞天记》拓片（作者供图）

盘水缸、石碾石臼等,传说这些就是葛洪炼丹的遗迹,洞内有众多与葛洪有关的摩崖石刻。北宋政和乙未(1115)北流县令谢宏闲暇时常常来此观看葛仙遗迹,并题名于石上。熙宁二年(1069)方蘋游勾漏洞题诗,有"稚川行满三千后,留得灵踪遗世风"的诗句。勾漏洞位于交通要道旁,自唐代以来,就成为名胜之区。明代邝露在《赤雅》中曾记载,勾漏洞有"李卫公上西岳书"碑刻。宋代时,勾漏洞前有朝宗驿,洞内有宋仁宗御书,来游之人络绎不绝,保存至今的宋代摩崖石刻及碑刻有10余件。生活于两宋之际的吴元美为勾漏山各处景点作文称颂,是为《勾漏山十洞记》,并盛赞"勾漏甲于天下"。抗金名臣李纲被贬海南时途经勾漏洞,也曾留下诗篇。

清代是勾漏洞游览和建设的鼎盛时期。清道光年间知县邓云祥、陈颖涵等相继倡修勾漏洞景观,在当地士绅的大力协助下,修建亭台楼阁,如勾漏洞口的碧虚亭,雍正间知县陶乐建,初名涤尘,邓云祥重建改名碧虚。邓云祥离任后不久,陈颖涵接替短暂任职的李光斗出任北流知县,他对勾漏洞景观建设做了不小的贡献,他的工作也被李燕昌记录了下来。陈颖涵与李燕昌是道光十二年(1832)同榜进士。李燕昌,清代北流人,中进士后任户部主事,此时的他因父亲去世,丁忧在籍,被聘为铜阳书院主讲。陈颖涵公务之暇与李燕昌等人同游勾漏洞,见识了其神奇多姿,出洞后,在洞前碧虚亭休息,因感觉此亭距离洞口太近,显得逼仄,打算重修。知县陈颖涵捐款首倡,又有乡贤附和,遂在洞前修建四座庙宇和一座亭,亭名钟灵亭。虽然工程竣工之日,陈颖涵已经调离，但他此前还是为修建钟灵亭作序。

李燕昌再次前往勾漏洞时，看到眼前之景，回想葛仙事迹，触发了他的情感，由眼中的景，想到了整个社会，不禁感慨除了道家有所谓摒弃五伦、隐居修炼的修仙之事外，儒家也有自己的仙道。政通人和，没有烦琐的公务，就是官员的仙道；维持纲纪，无拘无束，就是知识分子的仙道；自耕自食，六畜安宁，是农民的仙道；市场稳定，就是工商的仙道。士农工商各个阶层的人如果都能安稳，那就人人都是过着神仙般的生活了。这篇记文，将一位士大夫忧国忧民的感情表现得淋漓尽致。

碑刻位于玉林北流市勾漏洞。高105厘米，宽69厘米。楷书，字径2厘米。刻于清道光十八年，公元1838年。

天南杰构
——清陈师舜《重修真武阁记》

　　容县历史悠久，其名称来自境内的大容山，唐太宗时开始有容州称谓，唐玄宗天宝十四载（755）置容州管内经略使，为岭南五管之一，容州治所在今容县境内，为南方政治、军事重镇。明代时容州降为容县，名称沿用至今。

　　真武阁在古经略台之上，相传经略台为元结所建，作为操练、检阅军队之所，并作观光赏景之用。元结（719—772），字次山，号漫叟、漫郎，唐河南鲁山（今属河南平顶山市）人。天宝十三载（754）登进士第，不久安史之乱爆发，元结率族人南奔，避难于今湖北大冶。肃宗乾元二年（759）冬，元结经人推荐出任山南东道节度使幕府参谋，参与抗击史思明叛军。代宗时，任道州刺史，大历三年（768）调容州，加授容州都督充本管经略守捉使。当时的容州，因为之前的动乱，民众大都逃至深山。元结上任后，只身深入山中，招徕百姓，仅用半年时间就恢复了下辖八个州的人民。不久元结母亲逝世，他要离职守孝，当地百姓纷纷来到官廨请求他能留任。元结深受拥戴，容州百姓立石歌颂他的

功德。代宗大历七年（772）元结入朝，病逝于长安，颜真卿为其撰墓志铭。除了政治上的功绩外，元结对山水开发也颇有贡献。在道州期间，开发浯溪山水，邀请颜真卿书写《大唐中兴颂》并刻于崖壁，历代文人纷至沓来，造就了浯溪碑刻如林的盛况。容州的很多景观都跟元结有关。梧州的冰泉也跟元结有重要关系，他过梧州时，对当地一眼清澈甘甜且冰凉的泉水十分感兴趣，为其取名为"冰泉"，并撰写了《冰泉铭》，为后人留下了一处名胜，也给梧州留下了一张"冰泉"名片。宋代地方官在容县建有次山堂、思贤堂以纪念元结。

容县人民所居住的房屋多为篱笆茅草所造，很容易引发火灾，

● 清陈师舜《重修真武阁记》拓片（广西壮族自治区博物馆藏品）

万历元年（1573）容县知县伍可受因城中常常遭受火灾，于是与地方乡绅商议增修真武阁以镇压火神。在中国传统五行中，南方属火，北方属水，在我国道教神仙体系中真武乃是北方之神，也是水神。水能灭火，故修建真武阁的本意就是为了祈求平安，使容县人民免受祝融之祸。

容县真武阁位于绣江边，背靠大容山，面向都峤山，气势恢宏。其设计精巧，令人叹为观止。阁为歇山顶、穿斗式构架，纯木质建筑，通高13.2米，面宽13.8米，进深11.2米，总面积168平方米。其采用穿斗式构架方式，把近3000根大小不一的格木构件凿榫卯眼，斜穿直套，串联嵌合，彼此扶持，互相制约，不用一钉一铆，也没有一个铁构件，以"杠杆结构"原理组成一个稳固的统一体。20根笔直挺立的巨柱中，8根直通顶楼，是三层楼阁全部荷载的支柱。柱之间用梁枋相互连接，柱上各施有4朵斗拱，上面承托4根棱木，有力地把楼阁托住。二楼的4根大内柱，虽承受上层楼板、梁架、配柱和阁瓦、脊饰的沉重荷载，柱脚却悬空不落地，是全阁结构中最精巧、最奇特的部分。真武阁被誉为"天南杰构"，1982年被公布为第二批全国重点文物保护单位。

太平天国运动爆发后，容县也发生了天地会起义，至同治二年（1863）失败，持续13年之久。同治十一年（1872），湖南通道人陈师舜再次担任容县知县，面对初步安定的局面，他做了两件很有影响的事。第一件就是修复真武阁。因为真武阁所在的经略台相传由历代受当地人敬仰的名宦元结所建，是历史名胜，而真武阁则是为魇镇火灾而建，还颇为灵验，同时也是官员遥拜皇帝的地方，因此修复真武阁是从思想上的恢复。第二件事是引入养蚕业，以解决境内人民生计问题，从广东引入桑苗，教百姓养蚕缫丝技术，并捐俸作为保障经费。不久，容县蚕桑业迅速发展，老百姓获利良多。陈师舜可以说是广西养蚕业的首倡者。

碑在容县真武阁。拓片长130厘米，宽34厘米。楷书。刻于同治间。

一位戍边将领的山水情结
——清李星科《白玉洞记》

　　大连城旧名"廪更村"，位于凭祥市区北1.5公里，清末广西提督苏元春于光绪十一年（1885）所建。1885年中法战争结束，为巩固边防，负责筹办边防事务的苏元春认为此地战略地位重要，地理优越，适合屯军，"连城居四路之中，石山环卫，艰险罕匹"，于是在这里设立营寨、城墙、炮台和提督行署，苏元春长期驻扎于此，大连城成为边防指挥中心。苏元春，字子熙，清广西永安（今蒙山）人，早年投入湘军，荐升至提督，率部参加中法战争，战后授广西提督，督办广西边防，在沿边修筑炮台130余座，修筑镇南关、平而关、水口关，设十八卡、六十四隘口，筑大连城，为广西边防建设做出了贡献。光绪二十九年（1903）遭弹劾被革职发配新疆，四年后获释，卒于迪化（今乌鲁木齐）。宣统元年（1909）平反，追复原官。《清史稿》及《清史列传》有传。

　　白玉洞位于大连城提督行署后山，因洞内钟乳石晶莹剔透，洁白如玉，得名"白玉洞"。洞内分三层，从前是当地人举行赛神活动的场所，因战乱荒废。自大连城营寨建立后，苏元春便开始对白玉洞加以营造。从效果来看，此处并不是按照一般的景点进行建设，更像是一座位于岩洞中的官署兵营。既有公共空间，又有私人静室。有大厅，每逢岁首和月初，苏元春则与部下讲课学习其中；闲暇之时，与宾客游宴其中。有东西小厅，分别安放碾砲、日常生活用具，方便洞中住宿。洞内设立梓潼帝君、魁星及狄青祠，还有属下为苏元春所立的长生牌位。修建有亭台楼阁，又可种植花木。同时还在第三层洞内开辟了独属于苏元春的静室，用以修身养性，并题"养心处"。"玉洞天然"也成了凭祥八景之一。

白玉洞现存石刻37件，另有任玉森《连城玉洞丹砂记》已移至凭祥市博物馆保存，这些石刻多为苏元春及其幕僚属官的作品。其中由苏元春亲自题刻的有"玉洞"榜书、"一大垒城"榜书并记、《题连城白玉洞诗并记》(《苏文瀚等四人游玉洞题诗》为其中之一，但体裁和韵律均与其他三首不同)、"仙骨佛心"榜书并记、"明月与天分一半"、"情游于物之外"、"又一蓬莱"、"养心处"。

白玉洞地处边境，因大连城军事基地的修建，又因主事者苏元春"性耽泉石"而得到开发，千百年来沉寂的岩洞一瞬间热闹非凡，成为军机重地，成为守边将士们的精神家园，体现了山水的"非时不显，非人不彰"(《连城玉洞丹砂记》)。白玉洞对苏元春来说，并非单纯是暇日游览之处，还是商议军机事宜的议事厅，他"或召将士，或偕宾从，筹策其间"。这里也是苏元春自我修

清李星科《白玉洞记》（出处：《凭祥石刻集锦》）

养之处，作为一名统筹全省边防的高级将领，身系国家安危，责任重大，事务繁多，为保持清醒头脑，他特辟养心处，并题写匾额，其中的跋语道出了缘由："心者，一身之主，万事万务之元也。无以养之，则或偾事而不觉。予奉天子命，督防于斯，事务之役，几于日无暇晷。予惧方寸之纷而应事失当也，爰拣白玉洞旁别辟静室，公余憩此，以稍摄乃心，遂颜之曰'养心处'。"

白玉洞因边防而兴，其后国事日坏，倾注了心血的苏元春也得罪而去，白玉洞"胜地不常，盛筵难再"。

摩崖位于凭祥市大连城白玉洞。高242厘米，宽108厘米。隶书。刻于清光绪十三年，公元1887年。

山水赏游

一位基层官员的山水观
——宋林毅《游西山诗并序》

忻城县，始设于唐初，唐太宗时设芝州，治忻城县。宋庆历三年（1043）以羁縻芝忻、归恩、纡等三州之地置县，隶属庆远府（治今宜州）。明弘治九年（1496）降为土县，由莫氏土司治理，隶属不变，清代仍之。西山位于忻城县西，也称龙隐岩（洞）、西山岩，《（道光）庆远府志》中关于西山的记载不多，仅提到西山位于"县西北五里"，《府志》引清代忻城土司莫振国《游西山记》对西山有详尽描述。西山是平地突起的山峰，不算很高，山上有东西两个相互连通的岩洞，洞内面积不大，但有形态各异的钟乳石，如今这些钟乳石大都遭到了破坏。洞顶仿佛龙的痕迹，所以又称龙隐洞。宋代时，这里为一方胜境，山前有寺庙、迎晖楼，到清代时已经全部毁掉，莫振国看到的只剩洞内一尊佛像，因洞内岩溶水常年滴在佛像上，佛像也不完整了。到今天，佛像已被砸碎，仅剩部分碎片。自清代后，西山就基本处于荒废的状态了。西山寺遗址上建设有村庄，莫振国《游西山寺》诗："西山胜迹自天开，着屐登临载酒来。雨润丹崖光似洗，风回松壑净无埃。追寻故址余仙弈，欲读残碑半翠苔。坐对深林听鸟语，几回不禁意低徊。"

林毅，宋代临贺（今贺州）人，生平不详，做过来宾知县，是忻城历史上可考的首位父母官，也是酷爱山水之人。在《游西山诗并序》中，林毅首先道出了世人普遍的两个极端，隐居不仕之人过于洒脱，而出仕为官之人又因诸事缠身而不得解脱。他想在这两者之间选择平衡，但这是比较困难的，他也没有发现能够处理好这一问题的人。林毅在年少时隐居深山，与自然为伴，发奋苦读，一旦有机会，就出山发挥自己的才能，并没有过分沉溺山水。自从为官之后，林毅夙兴夜寐，不辞劳苦，但也会在公务之暇，访求名胜，在自然风景之中放松身心。林毅官来宾时，访得四处岩洞：龙洞、白云、林公、古典。龙洞与白云洞皆属龙洞山，山有三岩，龙洞和白云为其中两个，《（民国）来宾县志》则干脆说"龙洞山一名白云洞"。林公和古典二岩不详，或许林公岩就是因他而得名。每当闲暇时，他便与僚属、地方上才德优异的百姓一同游览四岩。到忻城后，林毅向父老询问本地佳胜，得知西岩、南岩、东岩可游。一日得闲便独自游西岩，这里岩洞奇特，且离城很近，可以常来，也实现了他"居官不拘"的心愿，虽然地处偏远之地，也没有什么遗憾。

林毅的序可以单独成篇，他从一个崭新的视野论述了人与自然山水的关系。没有公职闲居乡里者，整日与山水为伍，或者在其中消磨意志；而为官者往往有"案牍之劳形"，没有精力去享受自然风光。这两种都是不可取的，人需要在其中找到平衡，张

● 宋林毅《游西山诗并序》拓片（作者供图）

弛有度。这对我们的人生有很大启示，人在尚未工作之时，有很多自由时间，这时不能虚耗，要努力学习，沉淀本领，才能厚积薄发，一旦时机到来就要坚决把握。在工作中，既要兢兢业业，但也不能只沉迷于工作而忽视身心放松。

林毅的序文和诗收录在道光年间编纂的《庆远府志》中，但讹误甚多，四首诗也只被收录了其中第一、三两首，《全宋诗》未收录其诗文。该石刻可校方志之误，也可补文献之缺。

碑刻中也再次出现了区姓刻工的信息"桂林区炳刊"，与桂林石刻刻工中的区诚、区华应该是同一家族，从时间上看，区诚、区华是区炳的父辈或祖父辈。他们的技艺得到认可，服务范围也超出了桂林一地。

摩崖位于忻城县西山龙隐岩。高111厘米，宽85厘米。额篆书，字径8厘米；正文楷书，字径2.5厘米。刻于绍圣五年，公元1098年。

一次不止为赏景的出游
——宋张庄《清秀山题诗并记》

张庄，字正民，北宋应天府（今河南商丘）人。宋元丰三年（1080）进士，崇宁中以集贤殿修撰知桂州（今桂林），因时任桂州知州、升任兵部尚书的王祖道尚未正式离任，朝廷遂改任张庄知融州（治今广西融水），兼黔南路经略安抚使。崇宁五年（1106）为广西转运副使，大观元年（1107）代王祖道知桂州。

王祖道（？—1108），字若愚，福建福州人。宋治平二年（1065）进士，崇宁三年（1104）以显谟阁待制出任广西经略安抚使，兼知桂州。王祖道在桂任职有四年时间，其间开通了朝宗渠。

王祖道、张庄在桂期间，皆锐意开边，新建平、允、从州城寨，因开边受赏赐，其后也皆因此而遭贬斥，后人对他们的行为大都持否定态度。

中国古代是以农业经济为基础的社会，历代王朝都重视农业生产，制定各种制度来体现统治者对农业的重视，其中观稼就是其中一项重要活动。观稼，即察看庄稼收成，从帝王到地方官员都参与。《宋史》"本纪"中记载了北宋皇帝在玉津、北郊、南御庄、瑞圣园、后苑等处进行观稼仪式,《宋史·食货上》说太宗皇帝重视农业生产，多次下诏劝农，一年两次到郊外巡视农业。宋太宗太平兴国二年（977）农历五月初二日，皇帝到南薰门外视察农业，让陪同的大臣们坐在麦田四周，观看百姓收割小麦，并赏赐钱财。仁宗景祐二年（1035）在皇宫后苑建观稼殿"观种稻"，同时观稼结束还会举行宴会，称为"曲宴"。宋代地方州（军）县长官有劝农职责，往往兼任劝农使。大观元年，王祖道尚在广西经略安抚使兼知桂州任上，作为广西和桂林地区的长官，观稼是其职责所在。观稼仪式结束后，王祖道等人游览清秀岩，并在此煮茶。

中国茶文化在宋代发展到了顶峰，宋人不仅嗜茶，文人士大夫还广泛参与到茶的研究、生产和推广中，出现了大量与茶文化有关的诗文、绘画，还有研究专著，甚至连皇帝都参与其中，如宋徽宗即主持编著了《大观茶论》。宋代饮茶方式跟今日有很大区别，并非今天我们所熟悉的冲泡，当时流行的是点茶：将茶叶碾成粉，调成膏状，再加水调和。宋代喝茶时还要"斗茶"，比较谁的茶汤泡沫多、持续久。

宋代茶叶产区已然很多，在众多茶品中，最受时人青睐的当属产于福建建安（今建瓯市）的建茶。建州有水名建溪，是闽江北源，因茶叶产区在此，故又以"建溪"指代建茶。宋代人张舜民称，唐代人饮茶，视出产于今江苏宜兴的"阳羡茶"为上品，建溪茶只是普通之物，但到了宋代，情况发生了变化，建溪茶一枝独秀。大诗人梅尧臣有诗"比来唯建溪，团片敌汤饼"。建茶

宋张庄《清秀山题诗并记》拓片（桂海碑林博物馆供图）

自宋太宗年间开始成为贡品，其最上品为北苑茶，专作贡品。福建转运使的一个重要职能便是办理此事，丁谓、蔡襄二人将北苑茶发扬光大。先是丁谓创制了龙凤团茶，每8饼茶重1斤，其上有龙凤图案。蔡襄任福建转运使时，创制小龙团，每20饼仅重1斤，每年入贡也只有1斤而已，一饼茶价值2两黄金，珍贵异常。欧阳修在《龙茶录·后序》中生动地描绘了小龙（凤）团的宝贵：小龙团是仁宗的挚爱，每逢重要祭祀活动时才会赏赐给宰执、枢密等两府8位大臣，而且是4人共分一饼。茶饼上有黄金裁成的龙凤花草图案。众人得到茶，也是回家珍藏，有尊贵客人来访，才拿出来赏玩，不会喝掉。直到嘉祐七年（1062），才能每人分得一饼。欧阳修曾任参知政事，有机会得赐茶饼，一直珍藏至宋英宗时，并将其作为思念仁宗的寄托。

达官贵人们则享用次一等的壑源茶，壑源茶又叫"郝源"。苏轼曾以拟人的手法为建茶作《叶嘉传》，将壑源茶称为"郝源氏"。宋代慧空和尚有诗曰："郝源北苑大云际，尽入吉山茶碗中。"壑源茶也是桂林官员们的首选，如《张觐等三人龙隐洞题记》中记载张觐等在龙隐岩品尝郝源新茶，色、香、味皆绝；张庄、方滋等人也都明确提到他们所饮之茶来自建州。

古人游览山水并非单纯赏景，往往与政务活动联系在一起，柳宗元《零陵三亭记》说，有人认为地方有游览设施，官员的游山玩水是不务正业，这种观点是不对的，他认为开发旅游景点，进行赏游活动也可以成为治理地方的方式。宋代罗大经在《鹤林玉露》中记载了范应铃组织的一次宴会活动，范应铃担任广西提点刑狱时,有一次跟同事一起聚会小酌时说,今天的宴会,不仅不谈风景,也不讨论文学,只聊聊政务得失以及民间疾苦。欧阳修在《醉翁亭记》中表达的也是与民同乐的思想。在古人眼里,游山玩水并非玩物丧志,而是可以考察风物、体察民情,是大有益于工作的。

摩崖位于凭祥市大连城白玉洞。高242厘米,宽108厘米。隶书。刻于清光绪十三年,公元1887年。

宋朝人的桂林一日游
——宋《蔡恽等六人还珠洞题名》

北宋徽宗宣和七年（1125）农历三月初十这天，广西地方官员蔡恽、尚用之、黄铎、曹迈、王舜举、练山甫等六人，约定一大早就出发，于灵隐寺吃早饭，随后一路游览位于普陀山的曾公岩、栖霞洞（今七星岩）、元风洞等三处岩洞，接着转至程公岩聚会煮茶，晚些时候又来到八桂堂、伏波岩（今伏波山还珠洞），直到傍晚才返回。

宋代桂林旅游已经非常成熟，从出游者身份看，以官员同僚之间的结伴出游为主，另外还包括朋友共同游、同乡游。《孙师圣等十二人龙隐岩题名》《卓梼等二十一人水月洞题名》《徐梦莘等十二人弹子岩题名并诗》《董世仪等十九人龙隐岩题名》分别呈现了福建、江西同乡结伴出游的情景；携家游如《曾布龙隐洞题名》《元寿携家游雉山题名》等，《赵子肃等八人游栖霞洞题名》则是两家人相约同游。从游览人数上看，十人以内的小团队游是主流，同时也有十余人甚至二十余人的规模，南宋末罗大经从曾公岩游七星岩时，"列炬数百，随以鼓吹，市人从之者以千计"，盛况空前。当然也有一个人的独游，如李彦弼就喜欢独自出游。从游览时间来说，一日游比较流行。从游览路线上看，宋代的桂林已经形成了几条热门的旅游线路，从东西南北各个方向出发。宋人外出旅游，活动很丰富，除赏景外，还有饮酒、煮茶、观碑等。除却自然山水外，宋代的桂林还有很多游观设施，城楼不仅具有军事功能，也可以用于宴饮赏景，如湘南楼，另外还有其他公共设施，像八桂堂、翛然亭。

《蔡怿等六人还珠洞题名》就是同僚之间的一次出游，这是宋代桂林典型的一日游记录。范成大说桂林多山，"皆去城不过七八里，近者二三里，一日可以遍至"。宋代刘镕题诗"环城五里皆奇石，疑是虚无海上山"。如此得天独厚的条件，成就了宋代桂林一日游的火爆。清晨自桂林城中出发，或提前出发于某地会合，即可开启桂林一日游的旅程。

若往东边走，则可选择乘舟渡过漓江，进入小东江，沿江而下，至七星岩、元风洞、曾公岩、龙隐岩和龙隐洞，或往弹子岩、留春岩、省春岩、程公岩（即今天屏风山，是程节在桂时所开发的岩洞，故名）。返程时可以由陆路，过浮桥返回城内，也可以继续沿小东江前行，于下游再次进入漓江，溯流而返。"韩公辅率胥士颖、孙祖德、刘与昌会食崇宁，登转魁，观风洞，历曾公岩，泛舟之龙隐，晚酌于骖鸾阁。"（《韩公辅等四人龙隐洞题名》）往西骑马也是一个好的出行方式，方便到达隐山、西山，最后可至中隐山或清秀山，"桐庐詹仪之以寒食休务，约郡丞陈昭嗣、李晋，帅属周环、滕瑱、唐庭坚、叶子义，郡文学陈邕，早饭榕

● 宋《蔡怿等六人还珠洞题名》拓片（桂海碑林博物馆供图）

溪阁，观青带甘棠新桥，历览西湖、六洞之胜……"（《詹仪之等八人北牖洞题名》）往南也可陆行或乘船，可游览象鼻山、雉山、南溪山等处。城北叠彩、宝积近在咫尺，虞山稍远。伏波山在城一角，通常作为出发地或返程地，八桂堂在伏波山旁，"八桂堂会食，啜茶于伏波岩"（《王觉等八人还珠洞题名》）、"自八桂堂过伏波岩啜茶"(《程节等五人还珠洞题名》)、"过桂林,寓八桂堂,治舟泍波岩下"(《刘昉伏波山题名》)屡见刻石。漓江和小东江是当之无愧的黄金水道,大部分景观都在沿岸分布。

宋人徜徉在桂林山水间,赏景、赋诗,"时膏雨初霁,风日融怡,流、峙、动、植,触目会心,分韵赋诗,薄暮而返"。饮酒则"举酒相属",煮茶则"煎茶少憩",观碑怀古,"遍读前贤题字"(《王觉等七人龙隐洞题名》),李大异在雉山也是"遍观前贤镌刻"。或饯别,如谭掞即将还里,约好友同游龙隐岩,"是日,谭公有曲江之归。将行,率诸君为岩中游"(《谭掞等十二人龙隐岩题名》)。

他们经常是到傍晚才返程,"抵暮而归""日暮乃归""迫暮乃还",返程后,晚上仍有活动。韩公辅等四人白天游罢,"晚酌于骖鸾阁",王觉等七人"晚会于龙隐岩之环翠阁"。宋代夜游活动兴起,晚上仍在外游览赏景,淳熙二年(1175)中秋节这天,张栻与两位好友往水月洞赏月,"淳熙乙未岁中秋日,广汉张敬夫约长乐郑少融、玉牒赵养民同游水东诸岩。薄莫,自松关放舟,泊水月洞。天宇清旷,月色佳甚,因书崖壁以纪胜概"。

《蔡怿等六人还珠洞题名》所展示的宋代桂林一日游场景,是宋代桂林山水游览活动历史的真实写照。

摩崖位于伏波山还珠洞。高85厘米,宽76厘米。楷书,字径7厘米。书刻于宣和乙巳,公元1125年。

遗留在山水间的友谊
——宋张孝祥《朝阳亭记》

张孝祥（1132—1170），字安国，学者称于湖先生，宋历阳（今安徽和县）人，绍兴二十四年（1154）状元。乾道元年（1165）除广西经略安抚使兼知静江府（今桂林），《宋史》称其"治有声绩"，但从现有史料中没有发现任何具体政绩，在桂仅一年被逸而去。张鸣凤在《桂故》中称张孝祥以文学和书法方面的成就，在当时为人们所羡慕，以至于不敢直呼其名，称张紫微。唐玄宗开元间，改中书省为紫微省，中书舍人为紫微舍人，张孝祥曾担任中书舍人，故人们称其张紫微。《宋史》评价说"孝祥俊逸，文章过人，尤工翰墨"。张孝祥在词坛有较大影响，后来的研究者认为张孝祥具有承苏（轼）启辛（弃疾）的地位。

张维（1113—1181），字公言、仲钦，又字振纲，延平（今福建南平）人。宋绍兴八年（1138）进士，宋乾道元年为广南西路提点刑狱公事，乾道二年（1166）知静江府，主管经略安抚司公事，终尚书左司郎中。张维在桂期间，疏浚西湖，开通潜洞，重修社稷、山川等坛，著有《鱼乐轩吟稿》。

宋张孝祥《朝阳亭记》拓片（桂海碑林博物馆供图）

象鼻山半枕于漓江,古称漓山,又名沉水山,《桂林风土记》称元晦因"漓山"与"骊山"同音,所以改名为仪山。其山有一个南北贯通的溶洞,洞高大,圆形如满月,故名水月洞。《桂海虞衡志》称水月洞一半临江,是天然形成的贯穿大洞,洞顶高数十丈,形状是正圆的,远看就像十五的满月一般。清人乔莱诗称:"雄踞漓江上,洞门亦轩豁。圆如斯月望,湍流更贯之。"丰水季节江水从洞中流过,岩洞在江面上的倒影与岩洞形成满月之状,呈现出洞中月、水中月相互交融、交相辉映的景象。蓟北处士有诗曰:"水底有明月,水上明月浮。水流月不去,月去水还流。"

乾道二年三月上巳之日,张孝祥与好友张维、朱元顺一同前往象鼻山水月洞游览。张维对此处的山水风光十分迷恋,到很晚时候依旧流连忘返。张维的不舍被僧人了元看出,于是心领神会地在水月洞前建造了一座观景凉亭,亭子面山俯江,是赏景的绝佳位置。当年五月末,张孝祥、张维、朱元顺和郭道深等人再次来访,此时正值漓江水涨,丰沛的水流自水月洞穿过,东方升起的朝阳,光芒照彻水月洞中,阳光倒映在水面上,这种景观令人震撼。凉风习习,他们把酒临风,张维请张孝祥为亭命名。张孝祥想起他们二人同官建康(今南京)时,建有一亭名朝阳,之所以取名"朝阳",不仅指早上的阳光,更是取《诗经》"凤凰鸣矣,于彼高冈;梧桐生矣,于彼朝阳"的典故,夸赞张维才能卓越,"足以凤鸣于天朝"。水月洞新亭恰巧东向,为纪念同官建康的经历,张孝祥将此亭命名为"朝阳",顺便也将岩、洞都命名为"朝阳",同游诸人都觉得合适。最后由张孝祥操刀记录下这次聚会的经历，并刻在水月洞崖壁。

张孝祥与张维交情甚厚，张孝祥还将其为建康朝阳亭所赋之诗刻于桂林象鼻山水月洞："便合朝阳作凤鸣，江亭聊此驻修程。南瞻御路临双阙，东望仙家接五城。日上白门兵气静，春归淮浦暗潮平。遥怜莫府文书省，时下沧浪自濯缨。"在张孝祥被弹劾离任时，张维特意选择在象鼻山水月洞为其饯行，因为这里是张维喜欢的地方，也是二人友谊的见证地。张孝祥再次作和诗二首，与前赋建康朝阳亭诗一起刻在水月洞崖壁。其一鼓励张维奋发有为："丝纶叠至龙恩重，绣斧前驱蜑雾平。风阁鸾台有虚位，请君从此振朝缨。"其二表明自己仍有一腔热血，期盼还有机会能施展自己的才能："不应此地淹鸿业，盍与吾君致太平。伏枥壮心犹未已，须君为我请长缨。"

石刻记载了象鼻山景点命名的过程，表明了宋人的山水情感，是研究宋代桂林旅游文化的重要材料。

摩崖位于桂林市象鼻山水月洞。高253厘米，宽188厘米。行书，字径12厘米。刻于乾道二年，公元1166年。

寻找桂林的隐逸文化
——宋詹仪之《题招隐亭落成记》

詹仪之，字体仁，自署桐庐（今属杭州）人，《宋元学案》作遂安（今浙江淳安县）人。宋代理学家。绍兴二十一年（1151）进士。与张栻、吕祖谦、朱熹等理学大家交往探讨学问。淳熙十年（1183）任广西经略安抚使、知静江府，在桂六年，多有政绩。在广东帅司任上，遭遇流言，谪袁州，不久卒。著作有《詹仪之奏议》二卷、《淳熙经筵日进故事》一卷。詹仪之在桂林期间，于诸山留下摩崖石刻12件，他的题名石刻文辞典雅，书法刚劲有力。

淳熙五年（1178）六月的一天，廖蘧布置酒食，邀请张栻、詹仪之一同前往西山、隐山游玩，在泛舟西湖时，发现北牖洞前有空地，詹仪之计划在此修建观景亭，取名为招隐。而张栻因调任他处，即将离开桂林，无法看到亭子的建设，便提前题写了亭名"招隐"二字送给詹仪之。闰六月下旬，招隐亭落成，詹仪之邀约廖蘧在亭中聚会庆祝。随后游北牖洞，并发现唐代李渤题名。在看到石壁间他们三人题名和"招隐"题匾额时，怀念起了

● 宋詹仪之《题招隐亭落成记》拓片（桂海碑林博物馆供图）

张栻，并将张栻所题"招隐"二字刻于石。后世也将隐山称为招隐山。

　　招隐，有召唤隐士离开山林，到朝廷做官的意思，其后又有寻访隐士或寻求归隐的意思。隐逸文化在我国古代历史悠久，影响深远。在三皇五帝时代，就有著名的隐士许由，不愿接受尧帝的任命，隐居箕山，留下了颍水洗耳的典故。汉代淮南小山有《招隐士》诗，西晋文学家左思、陆机都写过《招隐诗》，"非必丝与竹，山水有清音"便出自左思的《招隐诗》，左思诗中"爵服无常玩，好恶有屈伸。结绶生缠牵，弹冠去埃尘。惠连非吾屈，首阳非吾仁。相与观所尚，逍遥撰良辰"，表达了对隐居生活的向往。陆机在《招隐诗》中也表达了对隐逸生活的期盼,"至乐非有假,安事浇淳朴。富贵苟难图,税驾从所欲",认为无忧无虑的隐居生活是最快乐的,若荣华富贵难求,就随时归隐。魏晋南北朝时期,社会动荡,也是我国古代隐逸文化繁盛时期,《宋书》专门辟有"隐逸传",并将隐逸做了区分,有贤人之隐与荷蓧之隐的分别:"贤人之隐,义深于自晦,荷蓧之隐,事止于违人。"有身隐和道隐的不同,"身隐故称隐者,道隐故曰贤人"。将戴颙、陶渊明等十九人列入书中。戴颙,字仲若,谯郡铚县(治今安徽巢湖)人,其父兄皆是隐士,戴颙长期隐居于今镇江山中,宋高祖刘裕、太祖刘义隆多次征召,皆不受命。后来为纪念这位隐士,人们将他隐居的山称为招隐山。

李渤开发隐山,在为山命名时,以其与天地并生而古往今来无人知晓,犹如隐士一般,于是以"隐"来作为山名。"兹山之始,与天地并。而无能知者,揭于人寰,沦夫翳荟,又将与天地终。岂不以其内妍而外朴耶?君子所以进,夫心达也。吾又舍去,是竟不得知于人矣。"隐山四面环水,很容易使人联想到蓬瀛、方丈等海上仙山,是理想的隐居之所。詹仪之将预备新建之亭命名为"招隐",是中国古代知识分子心中出仕为官、为国效力思想情感的表达。

摩崖位于桂林市隐山北牖洞。高46厘米,宽93厘米。真书,字径3.5厘米。刻于淳熙五年,公元1178年。石刻前两行文字已毁,第三行前三字残损。《桂胜》《粤西金石略》均收录全文,其中《粤西金石略》提到:"首缺十五字,以《桂胜》补之。"另,廖季能,《粤西金石略》误作"继"。另据《桂林石刻碑文集(下)》记载:廖蘧,字季能,淳熙间提点广西刑狱。清乾隆间李宜民修缮隐山景区,将古代碑刻加深,将廖季能之"季"字误刻为"重",故《粤西金石略》《金石续编》《八琼室金石补正》等均将廖季能作"廖重能"。

六祖广西留圣迹
——宋《赵国宝等三人六祖岩题名》

慧能（638—713），也作惠能，唐代高僧，中国佛教禅宗六祖，禅宗南宗创始人。俗姓卢，祖籍范阳（治今北京），出生地为广东新兴，生于贞观十二年（638），"纯淑迂怀，惠性间出。虽蛮风獠俗，渍染不深"，少年失怙，家贫，以伐薪卖柴为业。偶然听到《金刚经》而感悟，遂决意求法，以行者之名前往湖北黄梅从五祖弘忍大师证法。弘忍选择衣钵传人时，慧能以"菩提本无树，明镜亦非台。本来无一物，何处惹尘埃"的偈语得到认可，弘忍遂传其五祖法衣。回到岭南，隐居多年，其后在韶关宝林寺弘扬佛法，主张"直指人心，见性成佛"的顿悟法门。唐宪宗时追谥为"大鉴禅师"，其思想见于《六祖大师法宝坛经》（简称《坛经》），由慧能弟子法海集录，是禅宗重要的经典之一。

世传五祖弘忍大师是秘密将衣钵传于六祖慧能的，六祖在离开黄梅返回岭南后，并没有直接传法，而是隐居在各地，"常隐在山林，或在新州，或在韶州，十七年在俗。亦不说法"。六祖隐居足迹集中在广东和广西，据《坛经》所载，五祖为六祖传法后，让他迅速离开，因为会有人谋害他，当六祖询问去向时，五祖说"逢怀则止，遇会则藏"，其中"怀"指怀集，"会"是四会，这两地都留有六祖隐居传说和遗迹。

广西也有六祖隐居遗迹，在永福有双瑞岩，《(嘉庆)广西通志》记载其在州(永宁州，治今永福县百寿镇)南八十里处，是六祖修炼的地方。据《(光绪)永宁州志》记载，双瑞岩因洞内钟乳类似龟和鼓而得名，宋绍兴间县令题写双瑞岩名称，在龟和鼓之间的钟乳石貌似人坐像，人们以为六祖化身，"龟鼓之间石乳凝结，若人箕踞状，后人因镂石于旁，榜曰'六祖法身'"。清李重发《宿双瑞岩太和寺》诗其一中有"西来衣钵在，往迹漫追寻"之句，本句后的自注云"六祖修道于此"。"六祖禅踪"还被列入古田八景之一，有词曰："独占此山秋，石洞清幽，灵龟听法喜抬头。石鼓传声同献瑞，必有缘由。宝刹俯平畴，滴翠香浮，千峰环抱水悠悠。祖意西来谁领取，衣钵虚留。"

象州六祖岩是广西另一处重要的六祖隐居遗迹。六祖岩位于象州西山，这里自古是佛教圣地，成书于南宋的《舆地纪胜》中对象州西山六祖岩等六祖遗迹有多处记载，如西山寺："西山寺，在城西五里，其寺半山有一槛亭，大江横前，飞湍千里，郡城枕股，万瓦鳞次，山川境物尽在目中，骚人才士题咏为多。""六祖岩，在西山寺后，磴道盘纡，石穴空嵌，可容数人，塑六祖像其中，旧志云有石刻'六祖岩'三字。"关于六祖隐修动向也有记录："卢道者，隐居阳寿之青金山，去城八十里，其山深广，虎狼甚多。卢在山卓庵修行勤苦，虎常蹲伏庵下。每出入，虎为守

宋《赵国宝等三人六祖岩题名》拓片（作者供图）

庵。"除传世纸本文献，六祖岩现存历代摩崖石刻也是六祖遗迹的重要见证。在六祖岩洞口，有谭掞题于元丰七年（1084）的"六祖岩"榜书、赵国宝等三人绍熙五年（1194）游西山访六祖岩的题名、明正德八年（1513）《重塑六祖圣像碑记》。

赵国宝、刘景山、孟景善等三人饯别上司后游西山寺，他们三人身份不详，或为象州下级佐官。他们在此登亭远眺，探访六祖岩，开怀畅饮。石刻中提到的亭名为"一览亭"，而《舆地纪胜》则记为"一槛亭"，应该是王象之误记。《赵国宝等三人六祖岩题名》是研究象州六祖隐居遗迹的重要史料。

摩崖位于来宾市象州县六祖岩。高68厘米，宽30厘米。楷书，字径5厘米。刻于绍熙五年，公元1194年。

张自明与宜州的传奇故事
——宋张自明《南山寺题诗并序》

宜州南山正面有三处岩洞，均西向；后山亦有三洞，前后岩洞贯通。其中之胜迹以龙隐洞、白云岩和广化寺为主。龙隐洞高敞如屋，洞内有石龙，鳞甲分明，十分形象，故名。岩前有广化寺，后改称南山寺，始建于唐代，宋真宗赐御书六十轴藏之寺中，历朝历代都有修复，是宜州著名的赏游胜境。"广化高瞻"为老八景之一，赵一清有诗："巍巍广化绝嚣尘，特敞灵岩境地真。石乳浮光疑斗宿，峒门飞紫见龙鳞。"历代文人赞颂广化寺的诗歌不绝，乾隆间知府商盘《游广化寺》诗："远见寺在山，入山不见寺。曲径通已幽，绿阴半蒙蔽。稍闻薝卜香，广化逢初地。"庆江书院院长陈启焯《游广化寺》诗："放辔南关外，禅僧倒屣迎。清泉岩隙滴，时鸟涧边鸣。诗读碑痕裂，茶煎暑气清。踏歌归路晚，烟树护山城。"龙隐洞旁有白云洞、春意庵，还有三贤祠，祭祀冯京、余靖和黄庭坚。

南山石刻众多，包含宋、明、清各个朝代的石刻，有方信孺题名，还有传为北宋名臣余靖的题诗。张自明与南山寺渊源颇深，传说南山寺有位叫德洪的僧人，自小就在寺中，忽然有一天失踪了。张自明此时寓居京师，有一名僧人前来拜访，通报了姓名和住所，与张自明交谈很久，并留下一只鞋为信物。其后张自明官宜州，游南山寺，打听德洪下落，寺内僧众十分惊奇，告诉他德洪早已不知所终。张自明遂焚香祷告，众人跟随香烟飘向，在后山岩洞中发现了已经坐化的德洪，其面前仅剩一只鞋，与留给张自明的正好成对。

张自明，南宋建昌军（治今江西南城）人，字诚子。年少时便与乾道、淳熙时期诸位硕学名宿交游学习，增长见识，研习朱、陆理学，尤精通邵雍的先天之学。文章高雅，学者称丹霞先生，与著名诗人戴复古等结诗社。嘉定元年（1208）进士，官宜州（治今河池市宜州区）教授，兼代理知州事，后升知州。在宜州期间大兴教化，新修州学，创建龙溪书院，买地置学田以供养学子，居官政简刑清，所至不扰，与方信孺并祀宜州名宦祠。后官衢州教授、江陵户曹。

张自明在宜州还留下了众多文化遗迹，除南山寺之外，他在会仙山有题诗，在古城峒有榜书"紫霞洞府"，在九龙山留下了成仙的传说。张自明喜好修仙，传闻其在宜州九龙山尸解而去。山前深潭，张自明在此祷雨应验，上书朝廷获赐"灵潜"匾额，明代封为九龙之神，建庙赐碑，称九龙庙，后倾圮。清嘉庆五年（1800），附近乡绅村民共同捐资重建庙宇，以每年农历四月初七日祭祀。遇旱灾，官府于此取水祈雨，十分灵验。此地有"丹霞遗蜕"及"宋刺史张自明墓"等石刻。"丹霞夕照"也是老八景之

● 宋张自明《南山寺题诗并序》拓片（作者供图）

一，唐仁有诗："九龙山麓访丹丘，对面斜阳豁远眸。落日影翻龙隐洞，近江波照鹤归楼。穿林霞绮浑如散，绕郭烟痕淡不收。"

嘉定八年（1215）重阳节，张自明与两位兄弟、几位朋友一同游览南山，时节、地名也正合陶渊明的诗"采菊东篱下，悠然见南山"。诗歌首句即用了栗里、龙山、戏马台三个典故。栗里，陶渊明故乡，白居易《访陶公旧宅》诗"柴桑古村落，栗里旧山川"。《续晋阳秋》记载，陶渊明回归故乡后，有一年九月九日重阳节时家中无酒，于是在房屋之东篱下采摘菊花，不一会儿望见有白衣使者前来，原来是刺史王弘遣人送酒，陶渊明没有拒绝，随即畅饮。龙山，即龙山落帽典故，东晋孟嘉为征西将军桓温参军时，某年重阳桓温与僚属到龙山去游宴，众人身着戎装，忽然一阵风把孟嘉的帽子吹落，而孟嘉还没察觉。等孟嘉出去时，桓温才叫人把帽子还给他,并让孙盛写了几句嘲讽的话,与帽子放在一起,想看孟嘉的反应。孟嘉回来看到字条后,随即写了几句回语,文辞优美,满座惊叹。后来以此形容人气度恢宏,临乱不惊。戏马台是项羽观戏马处,项羽灭秦后,自立为西楚霸王,定都彭城,于城南南山上,构筑高台以观戏马,故称戏马台。南宋吕定有《戏马台》诗,黄庭坚贬谪黔州(治今重庆彭水县)时于重阳日作《定风波·次高左藏使君韵》词一首:"万里黔中一漏天,屋居终日似乘船。及至重阳天也霁,催醉,鬼门关外蜀江前。莫笑老翁犹气岸,君看:几人黄菊上华颠?戏马台南追两谢,驰射,风流犹拍古人肩。"

这三处著名的登高之地,张自明都已经涉足,其中的故事也了然于心,他更期待着能寻觅到新的登高处,于华山峰顶采回菊花。

摩崖位于河池市宜州区南山寺遗址。摩崖高50厘米,宽154厘米。楷书,字径5.5厘米。刻于嘉定八年,公元1215年。

一位抗蒙名将的闲暇时光
——宋李曾伯《隐山题诗并记》

　　李曾伯,字长孺,号可斋,原籍覃怀(今河南沁阳)人,南渡后徙居浙江嘉兴,李邦彦之后。历官濠州通判、太府卿、淮东淮西制置使;淳祐九年(1249),以宝章阁直学士知静江府、广西经略安抚使兼转运使,陈守边之宜五事;十年(1250)以京湖安抚制置使知江陵。宝祐五年(1257)为荆湖南路安抚大使兼知潭州,翌年兼广南制置使。景定五年(1264)起知庆元府,兼沿海制置使。咸淳初为殿中侍御使陈宗礼论劾褫职。德祐初追复其官。李曾伯一直奋战在抗蒙前线,他在桂修筑城池,训练民兵峒丁以抗蒙古军,并在桂林和襄阳都留下了纪功摩崖。后人对他评价颇高:"而曾伯则能以事功显。由著作郎两分漕节,七开大阃。通知兵事,所至皆有实绩。后官至观文殿学士,为南渡以后名臣。"其在文学方面也有成就,最突出的是词学方面,自称愿学辛弃疾。著有《可斋杂稿》34卷、续稿8卷、后稿12卷,后人合编为《可斋类稿》。其在桂林诸山岩洞留下摩崖8件,兴安乳洞有题刻2件。

公元1234年，金朝在蒙古和南宋的联合打击下最终灭亡，第二年，蒙古开始了对南宋的战争，至彻底亡宋。蒙古攻宋的路线之一便是消灭大理国后自云南地区包抄。淳祐四年（1244），蒙古进攻大理，遭遇激烈抵抗，无功而返。此次行动，引起南宋高度警觉，宋廷调驻守在今湖南、湖北的军队开赴广西备边，其后因蒙古军队撤退，南宋军队也撤回。淳祐六年（1246）刻于桂林龙隐岩外的《桂林撤戍记》记载了此事。淳祐八年（1248），蒙古军再次征大理，广西地方官听闻消息后，马上上报朝廷，宋朝为备战，在桂林新建犒赏库，进行物资准备，监广南西路经略安抚司犒赏库陈弥寿撰《新建犒赏库记》刻于桂林龙隐岩。淳祐九年，李曾伯出知静江府兼广西经略安抚使。1251年蒙哥继任蒙古大汗之位，在对南宋的战争中，他放弃从北正面进攻宋军重点防守的江淮、四川防线，转而消灭大理国，自云南包抄南宋。1252年，蒙哥派遣忽必烈为统帅进攻大理国，两年后灭大理国，完成了从西南包围南宋的战略目标，广西变成战争前线。

淳祐十一年（1251），在京湖制置使任上的李曾伯，派兵收复了襄阳、樊城（今襄阳市樊城区），三年后的宝祐二年（1254），他在襄阳著名的岘山摩崖纪功。宝祐六年（1258），南宋以李曾伯为广南制置使统一管辖广西、广东，调朱广用领兵至广西，增加防守力量。李曾伯在任期间整修静江府城，据位于桂林市鹦鹉山的《静江府城池图并记》记载，李曾伯修城的范围起自雪观（今伏波山附近），往北至马王山（今叠彩山），最后到今宝积山一带，共修城墙1382丈，其中新城710丈，旧城662丈；修浚旧城

宋李曾伯《隐山题诗并记》拓片（桂海碑林博物馆供图）

壕1889丈；修旧楼橹54座，修关城1座、城门6座、万人敌1座、月城1座、暗门1个。李曾伯的修城开启了南宋末年桂林城池建设的序幕，此后，经历朱禩孙、赵与霖、胡颖的扩建，桂林成为一座坚城。

开庆元年（1259），朝廷派柴士表巡视广西边防，事罢准备返回。此时的李曾伯已经完成了静江府城池的修筑，正好有短暂的闲暇，于是在农历六月二十六日邀请众官员一同前往西山和隐山游览。在西山千山观宴饮后，又乘兴游览了隐山。眼前的景致与大约十年前没有什么变化，但他所面临的形势却发生了巨变，蒙古大军随时会发动进攻，目前只是暂时的平静。

就在不久后的农历七月，蒙古军进攻广西，九月间抵达桂林城下，受到宋军顽强阻击，大小十余战宋军皆胜，双方相持两个多月。随后蒙军撤围，绕道进攻湖南，李曾伯派兵追击，连战连捷，蒙古军被迫后退。李曾伯将这次胜利刻石于桂林宝积山。然而，把持南宋朝廷的贾似道因对其不满，授意台谏官弹劾，坚守城池的李曾伯被扣上"闭城自守，不能备御"的罪名。景定元年（1260），李曾伯被罢职，随即又被降两级以示惩戒，从此离开了桂林，离开了抗击蒙古军的前线。

摩崖位于隐山北牖洞。高159厘米，宽91厘米。真书，字径9厘米。刻于开庆元年，公元1259年。

漓江边的明珠
——明王宗沐《冠岩题诗》

冠岩在桂林市雁山区草坪回族乡漓江东岸，历史上此地属阳朔县。洞内有地下河，与漓江相连通，因为岩洞所在之山像一顶帽子，所以称冠岩。古代也称甘岩，早在唐代即为世人所知晓，唐末莫休符《桂林风土记》中就有冠岩的记载："甘岩"在桂州城南八十里的大江旁。岩洞内地下水的源头在当时的临（灵）川县界思磨山，在江面以下，属于地下溶洞。临江洞口高广如屋宇，整个岩洞的深浅则无人知晓。若是盛夏时节来此，洞内寒气逼人。其中提到冠岩内地下水源自临（灵）川县，而据1997年出版的《桂林市志》载，在1985年经过中英联合探险队科学探查，得出冠岩地下水来自灵川县南圩河的结论。从一个角度说明古人对冠岩已经有相当的了解。《（万历）广西通志》记其在阳朔县北七十里，漓江之旁，丰水期可以乘船入洞游览，洞内曲折幽静，也称官岩。《（康熙）广西通志》更是形象地将岩洞比喻成一个破缸侧立在那里。它还有一个名字叫光岩。

从现有资料来看，冠岩在明代时已成为游览之所了。《（民

● 明王宗沐《冠岩题诗》拓片（作者供图）

国）阳朔县志》引明代田汝成对桂林岩洞的评价"爽朗莫如风洞，幽邃莫如栖霞，而寒冽寂寥兼山水之奇，莫如冠岩之胜"。将冠岩与桂林著名的岩洞风洞、七星岩相提并论，认为在桂林众多岩洞中，冠岩是最凉、最寂静、最得山水之妙的。徐霞客在桂林期间，曾游览冠岩。当时他由阳朔溯流返回省城桂林，途中探访冠岩，其所乘坐的小船直接从漓江进入冠岩，洞内宽敞明亮，有很多倒垂的钟乳石，让他遗憾的是再往里，岩洞进入水下，无法再往前探寻源头。他还注意到了洞内石壁上前人的题刻，包括王宗沐题诗，以及其他人的和诗。

王宗沐（1523—1591），一作宗沭，字新甫，号敬所，浙江临海人。明嘉靖二十三年（1544）进士，授刑部主事，历员外郎、郎中。二十九年（1550）任广西按察佥事、提调学校。在任时整修宣城书院，建崇迪堂，严格考课生员，"视学三日，召诸生升堂与语，冲容缓节，人皆耸听"。在梧州主持考试期间，选拔已故梧州籍前南京工部尚书吴廷举两位族子为廪生，延续吴家香火。王宗沐认为全州籍前首辅蒋冕在拥立嘉靖皇帝时有大功，将其文集《湘皋集》刊刻以流传后世。其后升至广西左布政使时，依旧像任提学副使一样跟学生讲学。嘉靖三十三年（1554）因参与平定阳朔农民起义功，升任广东布政司左参议。三十五年（1556）调江西提学副使，在江西修缮白鹿洞书院，引生徒讲习其中。官至刑部左侍郎，以京察拾遗罢归。卒后，追赠刑部尚书。天启初年追谥"襄裕"。著有《敬所文集》《海运详考》《海运志》《十八史略》《山东经制全书》等，编纂《江西省大志》。王宗沐及其三子皆进士出身，号称"父子四进士，一门三巡抚"，其侄王士性为明代著名地理学家，著有《广志绎》《五岳游草》《广游志》。

明代阳朔地区人民反抗活动时有发生，自弘治年间起，屡败官军。嘉靖二十九年，阳朔县永宁里（今金宝乡）人廖金鉴在古田韦银豹农民军影响下，率众起义，趁朝廷集中精力应对古田之际，攻占阳朔，杀知县。嘉靖三十一年（1552），明廷派遣兵部侍郎应欕、总兵官镇远侯顾寰负责镇压，在都指挥使钟坤秀、府江兵备道茅坤指挥下，调集大军，最终在当年十月将起义平定。作为广西提学佥事的王宗沐也参与了此次事件，事后还撰写了《阳朔纪事》刻于金宝乡白面山。至此，府江地区得到暂时安宁，王宗沐等人也得以有闲暇在江上游览。

嘉靖三十二年（1553）正月，王宗沐、钟坤秀等人来游冠岩，王宗沐题七言绝句一首，根据诗意，他们是特意来游，而不是行船经过临时起兴。钟坤秀也次韵和诗一首："江畔巉岩古洞开，石门泉涌碧沙堆。舟行来尽登临兴，再与山灵约后来。"并在序中提到是"同日次文宗王敬所韵"。冠岩现存明代摩崖石刻7件，均为题诗，其中年代最早的应属嘉靖二十四年（1545）广西布政司右参议刘钦顺题《冠岩》诗。除了钟坤秀和王宗沐诗外，另有四首和诗，其中两首和诗题刻时间比王宗沐来游晚几天，一首刻于嘉靖四十一年（1562），一首无年款。

冠岩石刻正是明代山水石刻几个特点的集中展现，以题诗为主，多唱和诗，其中作者有武人，背景与当时朝廷镇压农民运动有关。自嘉靖二十四年至嘉靖四十一年冠岩都有游览题刻，说明冠岩在当时是较为知名之地。

摩崖位于桂林市雁山区冠岩景区水洞口。高125厘米，宽98厘米。楷书，字径8厘米。刻于嘉靖三十二年，公元1553年。碑面未经打磨，保存基本完好。

秀甲贵港有南山
——明张佳胤《游贵县南岩记》

南山位于贵港市港南区,有二十四峰,"景物幽邃,为一邑之冠",石佛、御碑、丹灶、石象、石狮、石鲤、飞来钟、出米洞并称南山八景。清代曾光国作《南山八景》诗:"南山八景最为奇,石象连狮石佛骑。丹灶火调龙虎伏,御碑书敕鬼神司。锦鳞变化施霖雨,玉粒留传吐瑞芝。更有一般添胜迹,飞来钟响日初曦。"其后,曾光国又增加石龙、石鹤,凑成南山十景。

山中主要岩洞有三处,其中半山岩洞宽广,周边多支洞,四面通透,名为石佛洞,有钟乳石酷似佛像,高 2 米有余,宋代陈说《南山寺》中称"石像天成,匪凿匪镂",后人在此基础上加以修饰,塑造成弥勒形象,其座形似虎,其旁有石鹤。有一支洞名流云洞,洞内石壁有小孔,为流米洞,约成人拳头大小,洞上方刻"流米洞"三字,洞下方有天然石臼。相传洞内有米流出,其量正好能满足寺内僧人食用,不多不少,后来寺僧贪心,将洞口凿大,试图多得米,结果却无米流出。石佛洞外崖壁上有不老松,传说数百年间仅有一尺来高,常年翠绿,民国南山寺印心和

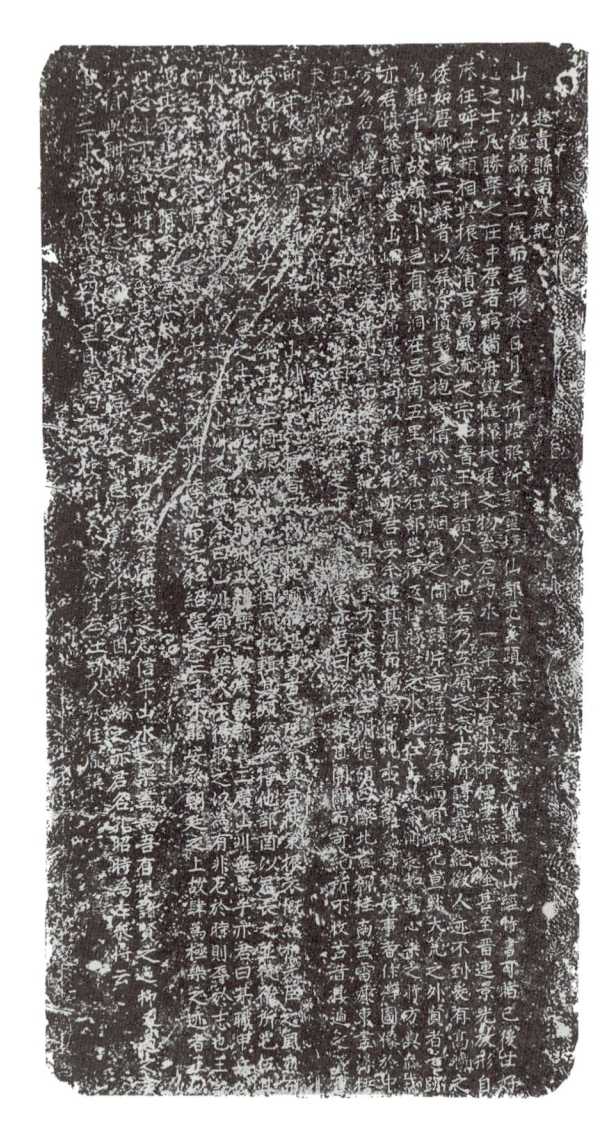

● 明张佳胤《游贵县南岩记》拓片（出处：《南山石刻》）

尚题诗："如来佛法广无边，木石有缘也度仙。请看南山松不老，与天同寿万千年。"石佛洞另一支洞为观音岩，岩内有钟乳石如鲤鱼倒挂，石上有乳泉滴沥，名"鲤鱼滴水"。山顶为北极洞，有大小两个洞，稍大者名宜仙洞，相传葛洪炼丹于此洞，有丹灶遗迹，故又名葛仙洞。小洞为白云居，山风吹过，衣袂飘飘，因此也叫振衣岩。

南山寺始建于宋代，据宋《南山寺前后住持题名碑》记载，南山寺始建于宋太宗端拱二年（989），咸平间，赐御书二百二十轴，藏于山中，宋仁宗赐额"景祐"，故又称景祐禅寺。寺内有铁钟一口，旧称为飞来钟，铸造于宋仁宗年间，有"光孝寺"三字，相传铁钟自鸣可以预测吉凶。南山寺原有元文宗御书"南山寺"，元文宗孛儿只斤·图帖睦尔，武宗第二子，元英宗至治元年（1321）遭谗言，被流放到海南，道经贵港，在南山寺停留。至治三年（1323）末，泰定帝即位，将其召还。他回京途中再次访南山寺，游南山，并为寺中题写"南山寺"榜书。图帖睦尔登基后，地方官员将此榜书刻碑，立于南山寺内。原碑已毁，广西壮族自治区博物馆藏有旧拓片，今洞内有复制碑。

南山因厚重的历史和秀丽的景色受到世人的喜爱，清宋运新《南山二十四峰记》称"南山秀甲贵县"。

张佳胤，字肖甫，号崌崃山人，明四川铜梁（今重庆铜梁区）人。嘉靖二十九年（1550）进士，隆庆二年（1568）升广西布政使司左参议分守左江道，官终兵部尚书，加太子太保，万历十六年（1588）卒，天启初谥"襄宪"。张佳胤好诗文，与王世贞诸人相唱酬，为嘉靖七子之一。著有《崌崃山房集》《督抚奏议》等。

张佳胤在《游贵县南岩记》开篇，对前人的游览做了总结，认为地处中原的名胜，受到更多人的重视，在游览时人们可以借助各种交通工具和旅行装备，对于其中的一草一木、细枝末节都花费很多笔墨，连篇累牍地描写歌颂，甚至沉溺于其中，如东晋王羲之、许迈诸人。而岭南偏远地区，来游者多是柳宗元、苏轼、苏辙兄弟这样的贬谪之士，他们在政治上不如意，于是寄情山水之间，故而留下的只言片语都是十分宝贵的。接着张佳胤提到自己游南山的缘由，他是因公至此，见南山形势适合观察地理形势，于是便在参将亦孔昭邀请之下游南山。对于南山景观，张佳胤描述得不多，重要的着墨点在山川形胜，以及心情感慨上。他认为人与山水之间有际遇，古之耽于山水者，或是困乱世，或是不得伸其志，于是以山水自娱，发泄心中的抑郁。而今他生于清明之世，政治上也顺意，在这种情况下，才是真正享受山水之乐。

摩崖位于贵港市南山寺。原碑已毁，国家图书馆藏有拓片。拓片高177厘米，宽95厘米。楷书。

《元祐党籍碑》引来的观碑潮
——明《朱子清等龙隐岩题名》

在山水间送别是古人游览的一个重要主题，桂林唐代石刻中尚未发现反映送别的内容，从宋代开始，桂林出现了很多饯别题材的石刻。他们或在山水间饯别，或因饯别而游山水，伏波山、雉山、龙隐岩等地，是当时主要的送别地。王祖道要离开桂林去筑新城，张庄等僚属在雉山为他送行："若愚帅师往城牂牁，宗理、亨伯、正民饯于永宁，因过雉山。丙戌九月十八日题。"张庄等四人饯别升迁的周元吉，同游元风洞、龙隐岩等处，题名于曾公岩。大观庚寅（1110）张子修等人饯别于雉山。子毓、素仲、稚川等三人在八桂堂饯别叔迟，后放舟游曾公岩、龙隐岩，"举觞相属，怅然有离索之叹"。方滋等人饯别刘彦登，则选择在城北邮亭。明代饯别类的石刻依然有不少，包括了题名和题诗，饯别的地点多选在虞山。王鸣鹤饯别谢紫会于虞山，并作诗一首，没有离别的悲戚，只有无尽的称赞和恭维："荐贤自合明迁宠，马首重来是绣衣。"清代人同样选择延续前代的习惯。

观碑是古人游览时的一项重要活动，宋代王觉等人在龙隐岩

● 明《朱子清等龙隐岩题名》拓片（桂海碑林博物馆供图）

"遍读前贤题字"，李大异在雉山"遍观前贤镌刻"，方信孺有诗"沿崖读断碑"。明林维翰等五人游七星岩，每人题诗一首，其中张鉴题诗中有："摩崖观古句，觞酒涤新愁。"杨芳还珠洞题诗："手披断简情何限？目极残碑慨自殷。"嘉庆五年（1800），胡虔、张元铬一同前往虞山欣赏《舜庙碑》。张宝在隐山读碑一直到傍晚时分,"读碑留恋久,归路渐黄昏"。

万历五年(1577),刑部员外郎朱子清奉命来广西查讯囚犯,任务结束回京之际,广西巡抚吴文华、巡按陆万钟、广西总兵官李宠等人在龙隐岩为其饯别。他们在龙隐岩观《元祐党籍碑》,登上怡云亭观景,亭在龙隐岩旁半山,张鸣凤说此处原为宋代的骖鸾亭,明代在遗址上重建,取名怡云亭。

南宋庆元四年(1198),饶祖尧重刊《元祐党籍碑》于桂林龙隐岩崖壁,在后世,尤其是明清时期,吸引了大量的观碑者,他们将元祐诸君子名姓留此间与龙隐相关联,认为龙隐岩内有司马光等人的名字在,正合龙隐之意。田汝成也将《元祐党籍碑》中诸位贤良正人蒙尘比喻为神龙隐蛰,发出了龙隐于此的感慨。历代观碑者留下了众多以观碑为题的诗作和题刻。其中龙隐岩的明清观碑题刻有嘉靖间洪珠题诗:"如何不锁党人碣?遗恨千年在桂峰。"万历间罗作《龙隐岩读党人籍感赋一律》:"元祐由来五百秋,党人姓字此间留。中衰宋室匡攸定,贝锦谗言潛不休。岩石坚刚胜竹帛,薜萝掩覆若金瓯。贤良自是流芳远,追贬徒劳奸佞谋。"赞扬了在籍党人。王鸣鹤题诗"片石功高班史颂,千秋名重党人碑",认为元祐党人名垂千古。清初毛浑到此"怒啸党人碑",面对此碑发出了愤怒的声音。嘉庆间两广总督蒋攸铦游龙隐洞,观党人碑,题名石上。清末康有为在桂时,专程来看《元祐党籍碑》,并有观碑题记留下:"光绪甲午腊,南海康长素以著书讲学被议,来游此岩,观党人碑而感焉。自东汉党人、南宋庆元党禁、晚明东林党人,并此而四矣。其攻党人者,则曹节、蔡京、韩侂胄、魏忠贤。其为党人者，则李膺，司马公，朱子，高、顾二先生也。后之观者，亦不必以党为讳矣。人亦乐为李、马、朱、顾耶？抑甘从侯览、魏忠贤耶？"总结了历史上四次重大的党禁，东汉党锢之祸、北宋元祐党人、南宋庆元党禁、明末东林党，认为攻击党人的是曹节、蔡京、韩侂胄、魏忠贤等奸邪之流，而被列为党人的则是李膺、司马光、朱熹、高攀龙、顾宪成等正人君子。

除了观《元祐党籍碑》石刻外，明清两朝还有很多观碑、咏碑题材的诗歌，陈元龙《龙隐洞诗》以铺叙的方式将碑刻主要内容概括出来："起自温与潞，讫王化臣止。三百有九人，一一皆君子。"这些人中有很大一部分在史籍中没有记载，如今在这里流传。他还特意点出了《元祐党籍碑》对龙隐岩的影响："遂使小丘壑，重与嵩岱比。"龙隐岩借助此碑名气大增。临桂县（今桂林）女诗人朱庭兰作《岭右党人碑诗》讲述了党人碑竖立和销毁过程，认为此碑为青山增色。正如康有为《游龙隐岩七绝》第一首中所说："只今龙隐岩边（一作前）路，却为遗碑动马尘。"

明代石刻以题诗为主，题名石刻在内容上要远逊于宋代题名，然《朱子清等龙隐岩题名》无论从内容上还是书法、刊刻等方面看，均是明代题名石刻中的上品，可直追宋人题名。

摩崖位于桂林市月牙山龙隐岩。高155厘米，宽124厘米。真书，字径9厘米。刻于万历五年，公元1577年。

进山过寿为哪般？
——清阮元《隐山铭》

阮元（1764—1849），字伯元，号芸台、雷塘庵主、怡性老人等，斋名有研经室等。清江苏仪征（今扬州）人。乾隆五十四年（1789）进士，选庶吉士，外放山东、浙江学政，历礼、兵、户、工等部侍郎，外调浙、赣、豫等省巡抚，先后总督湖广、两广、云贵等处地方，累官至体仁阁大学士，致仕后赠太傅，卒谥"文达"，入祀乡贤祠、浙江名宦祠。阮元在政治上，历官所至，振兴文教，多有惠政，"极三朝之宠遇，为一代之完人"；学术方面，长于考证，为乾嘉学派代表性人物，学者奉为泰山北斗。于经史、文学、金石、书画无不精通，天文、历算、舆地、目录学等方面亦有建树。著作丰富，有《十三经注疏校勘记》《皇清经解》《经籍籑诂》《皇清碑版录》《积古斋钟鼎彝器款识》《山左金石志》《两浙金石志》《浙江通志》《广东通志》《小沧浪笔谈》《宛委别藏》《淮海英灵集》《两浙輶轩录》《研经室集》等。阮元善书法，尤精篆隶。《清史稿》评价他："阮元由词臣出膺疆寄，竟殄海寇；开府粤、滇，绥边之绩，并有足称；晚登宰辅，与枢臣曹振镛异趣，惟以文学裁成后进，世推耆硕。"

《隐山铭》石刻分为序和铭两部分，"序文"交代了作者出游的缘由，阮元在生日当天有避寿谢客的习惯。嘉庆二十三年（1818）十一月底，身为两广总督的阮元从广州前往广西操阅军队，嘉庆二十四年（1819）正月二十日，身在广西省城桂林的阮元迎来56岁生日，当日他延续老规矩到城外山寺避寿。"铭文"部分，则描绘了隐山六洞景观，记载了赏景经历。"浚之主名，辟此奇秀"点出了此山由李渤（字浚之）开发命名。隐山的特点是"一山尽空，六洞互透"，不需人工开凿，天然形成，有乳泉，有深潭，有古刻，有亭榭，阮元在这里穿行六洞，赏景、读碑、煮茶，直至傍晚才归。他称之为"一日之隐"。

《隐山铭》石刻不仅是赏游之名篇，其"避寿"行为也是阮元崇尚宁静淡泊、清正廉洁品格的写照。阮元避寿习惯始自其40岁在浙江巡抚任上时，"避客于海塘"，即前往海塘工地，来避开祝寿之人，并用白居易40岁所作《白发诗》韵律赋诗一首。自此，凡遇生日皆隐。他的避寿习惯，自称是仿效顾炎武。而56岁这次避寿，开启了他的"一日之隐"的追求，后来避寿多次提到。除《隐山铭》外，这天阮元还写有《隐山三章》，其序言与《隐山铭》序文部分相同："嘉庆廿四年，余岁五十有六，驻于桂林，是日策数骑避客于城西唐李渤所辟之隐山，登降周回，串行六洞，煮泉读碑……"其文曰："隐山之峰，蒥轴可容。一日之隐，客不能从。隐山之北，覆岩幽泽。一日之隐，栖此泉石。隐山之中，云岫四通。一日之隐，我辰所同。"阮元还有《登桂林栖霞星岩隐山诸岩洞》诗，是一组七言律诗，共四首，其中第四首前四句即与隐山相关："六洞唐贤共隐名，何能吏隐卧山城？但教识得林泉趣，自可消除市狱情。"

道光三年（1823）正月二十日，值阮元六十岁生辰，这天皇帝所赐的"福""寿"字也正好到达广州官署，清代皇帝有在春节赐大臣"福""寿"字的做法。阮元在接受皇帝赐字和家人拜贺后，率家人避客于后园，"携妇孺皆随往抚署东园湛清堂下万竹林中，煮茶看竹，谢绝一切。秉烛始返。谓之竹林茶隐，即五十六岁所谓一日之隐也。画《竹林茶隐图》"。从此之后，观《茶隐图》也成了生日避客时的活动，"茶隐"也成了避寿的代名词。阮元年谱《雷塘庵主弟子记》和《研经室续集》中还记载他在云贵总督任上、京城，以及退休还乡之后的多次"茶隐"。阮元不仅自己避寿，连夫人生日也避。道光三年"五月廿七日，内子生辰，复避客独游荔枝湾"。关于"茶隐"，阮元在晚年曾有叙述，其缘起自他30岁时参加乾隆皇帝举办的正月茶宴，乾隆将一些没选入《石渠宝笈》的书画作品赏赐给臣下，阮元得到的是杜琼《溪山瑞雪》，画上有乾隆御笔诗："雪景溪山写杜琼，玉为世界不孤名。老翁驴背循溪路，输与凭窗望者情。"他82岁"茶隐"于长芦庵时遇上雪景，景象与《溪山瑞雪》图一样："巧遇溪山瑞雪之景，是六十年前圣人随手分赐之件，即定臣终身茶隐之局。事如预兆，恍然凛然。"阮元认为他的"茶隐"缘分来自50多年前乾隆皇帝的赐画。

《隐山铭》在收入《研经室四集》的时候，被命名为《桂林隐隐山铭元生辰在正月廿日近年所驻之地每于是日避客独往山寺嘉庆廿四年元岁五十有六是日避客于此山贯行六洞竟日始返稿以为此一日之隐也爰伈斯铭　扬州阮元
士高能隐山静逦寿潘之主名闗此奇秀一山尽空
六洞互透不鑿自通雖探莫究穴无雨来岩如天覆
虚腹开潭垂乳滴溜寒澈镜龛响傳壶漏引月入峡
吸云穿窦磴曲风搏泉清石漱仰壁藤垂摩崖苔繡
莲忆古杏殻秋瘦招隐岩前朝阳洞右凉堂北开
高亭东构独出春城静观尽晓岚入怀乡阳满袖
一日小隐千年古岫何人能复古湖之旧

● 清阮元《隐山铭》拓片（桂海碑林博物馆供图）

山铭并序》，内容有所改动，其中序文中，"近年所驻之地"改为"近十余年所驻之地"；"避客独往山寺"改为"效顾宁人谢客独往山寺"；"元岁五十有六"改为"余岁五十有六"；"是日避客于此山，贯行六洞"改为"驻于桂林，是日策数骑避客于城西唐李渤所辟之隐山，登降周回，串行六洞，煮茗读碑"；"爰作斯铭"改为"爰作铭辞。刻于北洞"。无作者名。铭文中"摩崖"改作"摩碑"；"静观清昼"改作"清游晴昼"。另外文集在"西湖之旧"后有注释，释文："隐山，唐在西湖中央，有荷有舟，境地更奇，今为田矣。"

从文集的序文中，我们知道阮元避寿是仿效明末清初大儒顾炎武的做法，清代著名文人袁枚也有避寿习惯，还作诗说："到处探奇逢地主，避人作寿走天涯。"

摩崖位于桂林隐山北牖洞口。高71厘米，宽43厘米。真书，字径3.5厘米。刻于嘉庆二十四年，公元1819年。

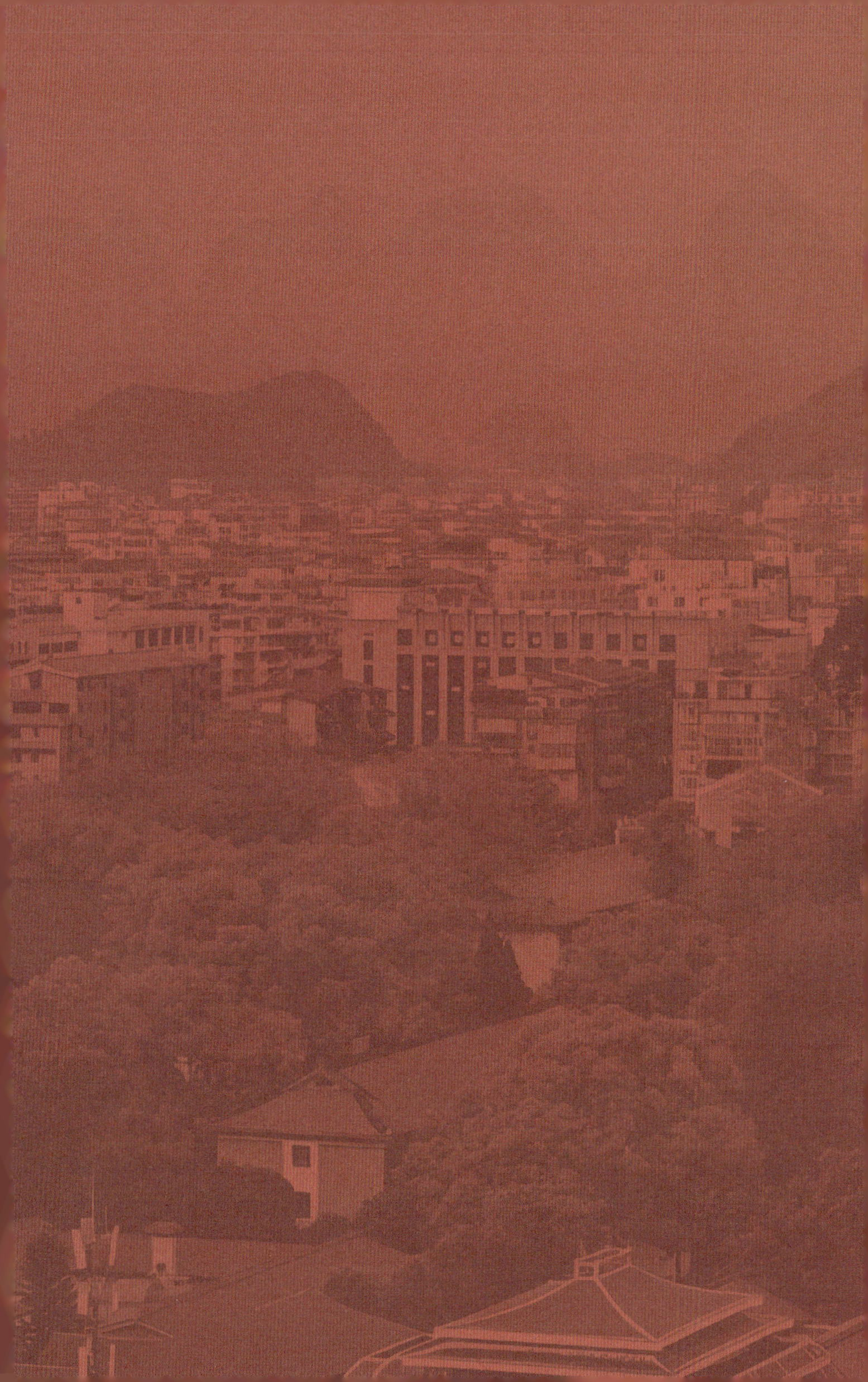

山水品题

山水未必是家乡好
——宋《谭掞品题龙隐岩题记》

龙隐岩、龙隐洞均位于桂林市月牙山下，相隔不足百米。其中龙隐洞是临水的穿洞，其得名源于龙隐洞洞顶因地质作用形成的"龙迹"，即流水侵蚀形成的漩涡，有规律地排列，被古人想象成龙的遗迹。《桂海虞衡志》称，龙隐洞、龙隐岩均在七星山脚。乘船可以穿越龙隐洞，抬头仰望洞顶，上面有龙迹，与洞一样长。出龙隐洞后，其旁边半山有一座小庙，以天然岩洞为屋。这里的岩洞即为龙隐岩。明代田汝成也有同样的描述。张鸣凤在《桂胜》中将月牙山称为龙隐山，他说应该以岩的名字来命名山，另外还记载了"龙影"的别名，取"龙去影存"之意。龙隐岩在旁，明代时也曾叫龙腾岩，即龙已腾飞而去，"登岸缘麓则有大岩如排高门，坐堂皇，可以广宴。或题曰龙腾，谓龙已绝地上飞天汉"。关于龙隐，还有另一个传说，这里曾经隐居一条神龙，有一年天旱无雨，百姓嘲讽神龙无所作为，后来神龙感到羞愧，便破壁而飞，普降甘霖，石壁上留下了神龙的印记。对此张釜有诗曰："何年此地蛰飞龙？石壁蜿蜒尚有踪。为报龙公莫贪

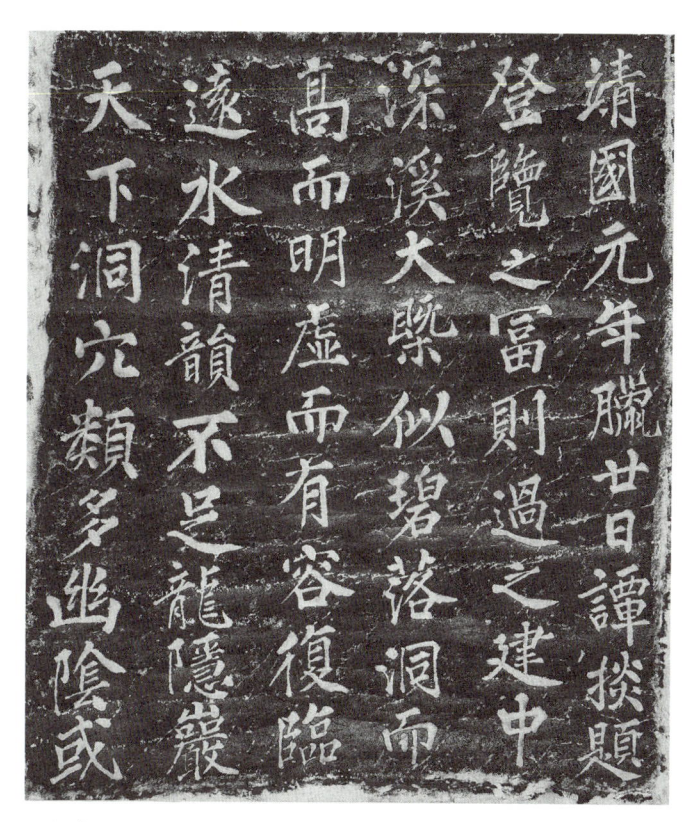

宋《谭掞品题龙隐岩题记》拓片（桂海碑林博物馆供图）

睡，郡人于尔卜丰凶。"宋代张埏题诗谓："几年鳞甲蛰清渊，一旦飞腾石自穿。遗迹谩存离旧隐，定应衔雨去朝天。"在古代，人们并没有像今天一样严格区分龙隐岩和龙隐洞，这二者经常混用，或用其中一个名字来称呼两处岩洞。宋代这里还一度叫作

"洄(回)穴"。

龙隐洞、龙隐岩空间宽敞，适合赏景和聚会，张埏说桂林岩洞虽然多，但龙隐岩是他心目中最美的，张鸣凤夸赞此地是消夏的好去处，坐在洞中，太阳都没有那么毒辣了。泛舟于龙隐洞内，十分凉爽。同时龙隐岩又有所谓"乳泉"，即从山崖石缝中渗出，并从钟乳石上滴下的水，古人喜欢用这种水来煎茶："腾岩又有滴玉泉，泉从山椒点点堕石穴，琤然作清响，宋人来游，酌石溜试新茗即此。"

自唐代始，这里就有游人踪迹，龙隐洞内保存有唐乾宁元年（894）《张浚刘崇龟杜鹃花唱和诗》。宋代是龙隐岩游览的鼎盛时期，宋代龙隐岩内有释迦寺，为天台宗寺庙，始建年代不详，但不晚于至和二年（1055）。其后程节主持过重修，周刊撰《龙隐岩释迦寺》记载此事。又建有环翠阁、骖鸾阁、雨华堂等供观景休憩和宴会的景观建筑，"宋游最盛，镌题之众至环两岩，使壁无完石，他岩未之有也"。至今岩内保存历代石刻213件，其中宋代就有111件。

谭掞，字文初，曲江（今广东韶关）人。少与王安石同学，安石行新法，引掞为郎官。官广西提举常平、转运副使等职。谭掞在桂林时多次游览龙隐岩，第一次是在建中靖国元年（1101）寒食节，与程节等人同游，第二次是当年腊月中旬，其时谭掞即将返回家乡，而他对龙隐岩的品题也正是在这次。谭掞认为世上的岩洞大多要么比较幽暗，要么远离河流，缺少清雅的韵味。龙隐岩既高又明亮，空间很大，清人查礼在游记中记录龙隐洞、龙隐岩的空间：其中龙隐洞洞口高约七八十尺，洞长二百尺，宽一二十尺；龙隐岩高约四五十尺，纵、横皆有六十余尺，可以容纳数百人。最后谭掞将龙隐岩与自己家乡的碧落洞做了比较，说龙隐岩类似碧落洞，但观景的效果却超过了碧落洞。小东江水量相对丰沛，两岸景色优美，"满溪流水半溪花"，对面是平坦的沙洲，其中就有訾洲，再远处为象山，更远处群山也在目力范围。在龙隐岩、龙隐洞观景，视野开阔，远处江上美景尽收眼底。

碧落洞，位于今广东省清远市英德市，是由于地下河袭夺了地上河而形成的穿洞，溪流穿洞而过，洞旁另有一洞，洞内有"天梯"可通山顶，相传葛洪在此炼丹，丹成后沿天梯飞升，所以此洞名"升天洞"。碧落洞风景秀丽，钟乳奇特，自唐代以来就成为著名景点，五代南汉时期第三代南汉主刘晟还曾夜宿该洞。明代吴永澄称碧落洞是韶关景色最胜之地。碧落洞历代游人不断，余靖、苏轼等人均有诗作，洞内摩崖题刻众多，现存唐至民国摩崖石刻99件。

谭掞将自己家乡的名胜与龙隐岩相比，认为龙隐岩还能胜过碧落洞，足见他对龙隐岩的认可。

摩崖位于桂林市月牙山龙隐岩。高88厘米，宽77厘米。真书，字径8厘米。刻于建中靖国元年，公元1101年。

宋代的桂林旅游指南
——宋赵夔《桂林二十四岩洞歌》

从现有资料看，桂林山水旅游的历史可以追溯到南北朝时期，虽然东晋时期桂林在虞山下修建舜庙，但这并不是山水赏游活动。至南朝时，桂林出现了时人游山玩水的记录，"永明□□八月戊戌□□同游"是一则壁书，位于芦笛岩内，它是当时游人用毛笔或者木炭题写于石壁上的。永明为南朝齐武帝的年号，为公元483至493年，这表明在南齐时芦笛岩就有游人涉足。隋代，七星岩成为游览之地，当时称为栖霞洞，有开皇十年（590）高僧昙迁题榜"栖霞洞/开皇十年昙迁书"，碑刻已佚。至唐代，桂林为桂管观察使、桂州刺史驻地，政治地位进一步提升，南来士大夫数量增加，山水游览风尚渐浓，新开发的山岩洞穴数量不断增加，独秀峰、叠彩山、宝积山、隐山、南溪山、龙隐洞、象鼻山、伏波山、訾洲等，很多地方不仅是有游人前往，而且还有专门建设的游览设施。如元晦在叠彩山大兴土木，耗时一年有余，除新辟道路方便游览外，还建大八角亭、院砌台、钓榭、石室莲枕、流杯亭、花药院等游乐设施，可以说是全方位建设。

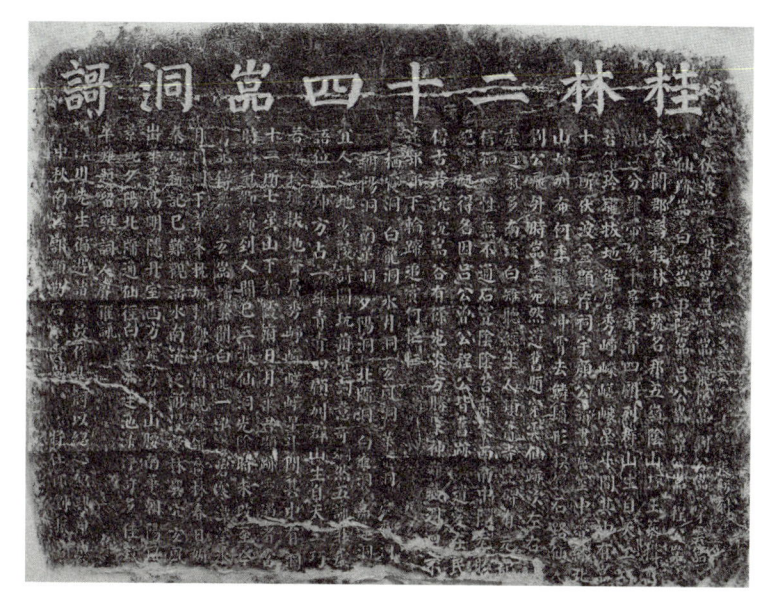

● 宋赵夔《桂林二十四岩洞歌》拓片（桂海碑林博物馆供图）

宋代经济发达，文化繁荣，知识分子热衷于亲近自然、亲近山水，宋人在心中将山水与江山联系到一起，在游山玩水中陶冶情操，激发对国家的情感。宋代桂林一跃成为西南政治、文化中心，并迎来了山水开发的鼎盛时期。南来士大夫面对从未见过的奇山异水，表现出了深厚的热爱，给予了毫无保留的赞美，范成大评价桂林之山"宜为天下第一"。彼时南来之人多为流人谪宦，他们寄情山水，借以排遣心中苦闷，"况夫游子山头，逐臣泽畔。冷泉判事，倥偬余闲。炎徼投荒，凄凉终古。于斯时也，山川登眺，俯仰兴怀"。他们在前代基础上，又新开发诸多岩洞，普陀山元风洞、曾公岩、弹子岩，明代之后细分为弹子、留春、省春三岩，又有雉山、清秀山、中隐山、屏风岩等。

赵夔，生平不详，自称漳川先生，张鸣凤认为他是绍兴间南迁之人，将其列入"游寓"。将仕郎刘振为其书《桂林二十四岩洞歌》，表明赵夔也非一般人，或为名士，或为官员。普陀山元风洞有其诗，张鸣凤评价"足自立于宋人间"，诗曰："青嶂横开高几重，巉岩直上半天中。虚明洞口千年久，澄澈流来一溜通。海蚌张颐方吸月，云龙奋迹遂乘风。隼旗出有随轩雨，指日秋成贺岁丰。"

赵夔在游遍桂林后，将其中较为有特点、名气较大的名胜之区总结出来，包括伏波岩等12岩和栖霞洞（今七星岩）等12洞，共24处，以七言诗歌的方式列举出来，并总结出每一处岩洞的特点。

赵夔的总结也只是当时人们涉足的其中一部分，正如他在诗中所言："许多佳致卒难题，留与词人赓雅咏。"稍晚时候来桂林的范成大，在其《桂海虞衡志》中说到，桂林的山基本都是中空的，所以山下几乎都有岩洞，其中"有名可纪者三十余所"，并列举了部分出众的、近城一日可往返者，包括读书岩、伏波岩、叠彩岩、白龙洞、刘仙岩、华景洞、水月洞、龙隐洞、龙隐岩、雉岩、立鱼峰、栖霞洞、元风洞、曾公洞、屏风岩、隐山六洞、北潜洞、南潜洞、佛子岩、虚秀洞等20处。与《二十四岩洞歌》比较，大部分一致，其中增加了北潜洞、南潜洞、立鱼峰，原本因程节而得名的程公岩也被改称屏风岩,成为范成大十分喜欢的一个地方。在此之后,桂林又有一些岩洞被开发,如方信孺就新发现了玉乳、荔支、琴潭等岩洞。

《桂林二十四岩洞歌》是宋代桂林山水游览兴盛的见证,其中所提到的绝大部分岩洞至今仍然以景点的形式呈现,部分岩洞依旧是热门景区。

摩崖在南溪山穿云岩。高73厘米,宽103厘米。楷书,碑额字径7厘米;正文字径3厘米。书刻于绍兴二十四年,1154年。

范成大的较真
——宋范成大《复水月洞铭并序》

范成大（1126—1193），字至能，一字致能，号石湖、石湖居士，吴郡（今江苏苏州）人。宋绍兴二十四年（1154）进士。尝出使金国，进国书，辞气慷慨，不辱命而返。乾道八年（1172）以中书舍人、集英殿修撰出知静江府（今桂林）兼广西经略安抚使，在桂三年，建八桂堂于伏波山下，修整兴安灵渠，开凿桂林朝宗渠，开发风景名胜，倡导文教，改革盐法马政，发展边贸，改善民族关系，政绩卓著。桂林人为之立祠于象鼻山。桂林诸山多有其题刻，其《复水月洞铭》《碧虚铭》《壶天观铭》等为桂林石刻珍品。兴安乳洞亦有其题刻。后迁四川制置使，在离桂赴川途中将他在广西所见所闻写成《桂海虞衡志》，详细记载广西山川地理、民族民俗、名胜古迹、军政制度、边贸物产等，具有重要历史价值。后擢敷文阁待制、参知政事，终资政殿大学士、通议大夫。绍熙四年（1193）九月五日卒，赠少师，追封崇国公，谥"文穆"。范成大为南宋著名诗人，与杨万里、陆游、尤袤并称南宋四大家；书法精妙，《书史会要》评价其："以能书称，字宗黄庭

● 宋范成大《复水月洞铭并序》拓片（桂海碑林博物馆供图）

坚、米芾，虽韵胜不逮而遒劲可观。"文学上也有很高成就，有《石湖集》《揽辔录》《桂海虞衡志》《吴船录》《骖鸾录》《吴郡志》等，流传至今。

范成大是一位乐观且务实的人，在他即将来桂林做官时，亲戚朋友都为他担心，害怕其深入"瘴乡"身心受创，送别时拦路哭泣，犹如生离死别。而范成大则以杜甫、白居易等人的诗文为证，认为桂林是宦游绝佳之地。他也是桂林山水的忠实热爱者，在《桂海虞衡志》中，他认为桂林的山川当为天下第一。因为南来的士大夫不多,所以知道的不多,来过的人很多又不懂。他本是江南人士,宦迹遍及各地,北至今北京一带,南到两广,西边到了四川,每到一处都登览当地名山,太行、衡山、黄山、雁荡等南北名山都游历过。但桂林的山与这些名山不同,基本都是平地而起、特然独立的孤峰,像竹笋、发簪一样。他被这样的山所吸引,曾将桂林的山画下来寄给老家的人一同欣赏,结果证明他是一厢情愿,家乡的人几乎都不相信,而他也懒得去解释。

乾道二年(1166),张孝祥将象鼻山水月洞改名朝阳洞,七年后来到桂林的范成大对张孝祥的改名行为很不满意,但他并没有用简单粗暴的方式进行回应,而是在和同官林朝光经过一番考证之后,以令人信服的理由将朝阳洞改回水月洞。理由有四点:第一,水月洞像是在漓山(象鼻山)麓剜出的一个洞,跨江,涨水时水流穿洞而过,整个洞为很规则的圆形,犹如月圆之时,从形态上看,叫水月洞名副其实;第二,改名的原因略嫌草率,仅仅是几年前一次私人聚会,就把人们耳熟能详的地方改了名;第三,这次的改名行为并没有得到当地人的认可;第四,隐山六洞名气很大,其中就有朝阳洞,这里再叫朝阳洞,名称上就出现重复。基于以上四点,范成大认为应该恢复这里原本的名字——水月洞,并期待这个名字能长期流传。而事实上也是如此,自范成大恢复了水月洞的名称后,近千年来该名广泛流传。清代乔莱在描写象鼻山的诗中有"更名曰朝阳,乌能肖其状。石湖复旧名,兹岩乃无恙"的句子。

《复水月洞铭》是一件书法珍品,范成大善书,清代叶昌炽在《语石》中论述范成大书法时,称范成大与陆游一样"书名皆为诗名所掩盖","大小真行,皆臻能品。余由是知公书为南渡后第一",对《复水月洞铭》则称赞说:"玉润珠辉,方流圆折,清而腴,丽而雅,由是知公善真书,且能为擘窠大字。"

张孝祥给水月洞改名,范成大为水月洞复名,两位文学大家一改一复给象鼻山平添了更多的人文气息。

摩崖位于象鼻山水月洞。高150厘米,宽215厘米。楷书,字径8厘米。刻于乾道九年,公元1173年。

"桂林山水甲天下"的出炉
——宋王正功《鹿鸣宴劝驾诗》

鹿鸣宴起源于周代举贤能的乡饮酒礼,自唐代开始,鹿鸣宴成为科举礼仪,延续至清代,由地方政府和长吏为发解参加全国考试的举子举办,有饯行和鼓励之意,其后也强调政教。

嘉泰元年(1201),静江府(今桂林)解试取士得11人。宋代桂林原有解试录取名额8名,绍兴二十六年(1156)应桂林乡贤黄齐奏请,增解额2名。王正功作为地方长官,主持此次鹿鸣宴,并赋诗二首。宋代时,鹿鸣宴上有作诗环节,以激励、教化举子。在此之前的淳熙间,范成大、张栻都曾作过鹿鸣宴诗,范成大诗刻于伏波山还珠洞:"维南吾国最多儒,耸观招招赴陇书。竹实秋风辞穴凤,桃花春浪脱渊鱼。月宫移种新栽桂,江水朝宗旧凿渠。况有龙头坊井在,明年应表第三闾。"以桂林历史上两位状元赵观文、王世则来为举子们打气鼓劲。张栻诗:"从昔山川夸八桂,只今文物盛南州。秋风万里携书剑,春日端门拜冕旒。圣世取才先实用,儒生报国岂身谋。且看廷策三千字,为写平时畎亩忧。"

将文化与自然景色关联起来。王正功的诗里也充满了对学子们的期待和勉励，"三君八俊俱乡秀，稳步天津最上头"，"诸君端是斗之南"。而其中"桂林山水甲天下"一句，成为桂林山水的至高评价。

自明清以来，"桂林山水甲天下"广为流传，被用来称赞桂林山水景观，明俞安期《桂林岩洞杂咏》诗序言提到："昔人谓'桂林山水甲天下'，非以岩洞胜乎？"清康熙间余忠震《栖霞寺题记》称"桂林山水甲天下，星岩尤胜"，金武祥《遍游桂林山岩》有"桂林山水甲天下，绝妙漓江秋泛图"。不仅是文人诗赋中常用，即便是在营缮、功德类的碑刻中也以此句作为文章开头，如立于桂林市叠彩山的《香田碑记》开篇云"尝览《舆图》，谓桂林山水甲天下"，位于今灵川县大圩镇道光间所立的《鼎新跨鸾桥碑记》开头亦言"桂林山水甲天下，而川流潢港，支分派别……"，今临桂区斋公岩内两方碑刻《重新鼎建观音殿碑》《重修斋公岩碑记》分别以"予尝览《舆图》，谓桂林山水甲天下"、"《舆图》云'桂林山水甲天下'"作为开头。"桂林山水甲天下"如同口头禅一样流行了。

然而当人们回过头来审视这句名言的出处时，却不知源头在哪里。原因是王正功的碑很早被碳酸钙沉积物覆盖，后来人无法看到原文。于是大家把目光投向了前人，试图从中找寻答案。柳宗元在《上裴行立中丞撰訾家洲亭记启》中说道"今是亭之胜，甲于天下"，李师中《蒙亭记》称赞伏波山时说："桂林，天下之

嘉泰改元桂林大比與計偕者十有一人九月十六日用故事行宴享之禮提點刑獄權府事四明王正功作是詩勸為之駕

百嶂千峰古桂州鄉來人物固難儔莪冠蟻賢能
詔策足誰排道藝流徑纔才獻聞遠芷游橫汀樂對
前荒三居八俊俱鄉豪穩步天津寇上頭
桂林山水甲天下玉碧羅青意可參士氣未饒軍氣
振文揚端似戰場酣九關虎豹肩勸敵萬里鵾鵬行
翩談老眼摩梁頗增羹諸君端走斗之南

門生鄉貢進士張次良上石

● 宋王正功《鹿鳴宴勸駕詩》拓片（桂海碑林博物館供圖）

胜处，兹山水又称其尤。"其后又有"桂林山水冠衡湘"、"桂林岩洞冠天下"、"桂林山水之胜，冠绝西南"、"桂林山川甲天下"等，《桂海虞衡志》中范成大称："余尝评桂山之奇，宜为天下第一。"

当我们把视野放大，看看那个时期的古人是如何评价自然山水的，就能对"桂林山水甲天下"的出现有更清晰的理解。唐韩愈在为时任连州司户参军的王弘中所作的《燕喜亭记》中，借助当地父老之口称"吾州之山水名天下"，此后，"山水名天下"在很长一段时间里成为称颂某地自然景观的名句。宋代孙觌《鄱阳山水记》称"鄱阳山水名天下，而龙停溪最胜"，杨万里《送喻叔奇工部知处州》诗中也有"括苍山水名天下，工部风烟入笔端"之句，元代倪瓒《送僧游天台次张外史韵》诗赞"四明山水名天下"，明代还有刘泰描写西湖的"湖西山水名天下"。北宋大文学家欧阳修在给好友梅圣俞的诗《寄圣俞》中称"西陵山水天下佳"，南宋著名道士白玉蟾《赞历代天师·第九代讳符字德信》中有"上饶山水甲江南"。同时，"甲天下"也不仅仅用于对山水的评价，南宋绍定辛卯（1231）《卓梼等二十一人水月洞题名》开篇之句"吾闽衣冠甲天下"，称赞南宋福建人文之盛。

由此观之，王正功"桂林山水甲天下"名句的诞生是有着非常深厚的文化土壤的，这句名句是他在吸收前人山水评价的基础上创作的。

王正功整首诗并非为歌咏桂林山水而作，但却出现了"桂林山水甲天下"这句称颂桂林山水景色的名言,再经过小学语文课本的推广,这句话成了桂林山水最响亮的口号。

摩崖位于桂林市独秀峰读书岩。高115厘米,宽64厘米。额篆书,字径8厘米;正文行书,字径5厘米。刻于宋嘉泰元年,公元1201年。碑额有5字缺失。

方信孺的别墅
——宋方信孺"碧桂山林"榜书

桂林西山由连绵的石山及山峰组成,主峰为西峰,另有观音峰、立鱼峰和千山等,西峰和观音峰均为陡峭的山峰,千山较为低缓。西山自唐代即被开发成游览胜地和佛教圣地,《桂林风土记》称其"峰峦互张,云木交映,为一府胜游之所"。唐代在山前谷地建有西庆林寺,后改曰延龄寺,唐武宗时该寺被毁,宣宗时重建,寺内有古佛,为卢舍那佛,据《桂林风土记》"延龄寺圣像"记载,武则天当政时,梦见一位金人向其乞袈裟,众人皆不解其意,后制作一袭袈裟悬挂于城门之上,不久袈裟不知所终,等寻找时,发现已经穿在了延龄寺卢舍那佛身上,"至今尊卑归敬,遐迩钦崇。时旱请雨,皆有响应如意"。在观音峰、千山、龙头石林等处有大量的唐代摩崖造像,现存造像110龛229尊(部分龛造像已毁,仅存佛龛)、浮雕石塔2龛2座、瘗龛29处、造像记和造龛记7件,其中有明确纪年的造像(龛)记有两方,分别是上元三年(676)造龛记和调露元年(679)《李寔造像记》。千山有千山观,张孝祥曾题"千山观"三字,李曾伯为之刻石。张釜有

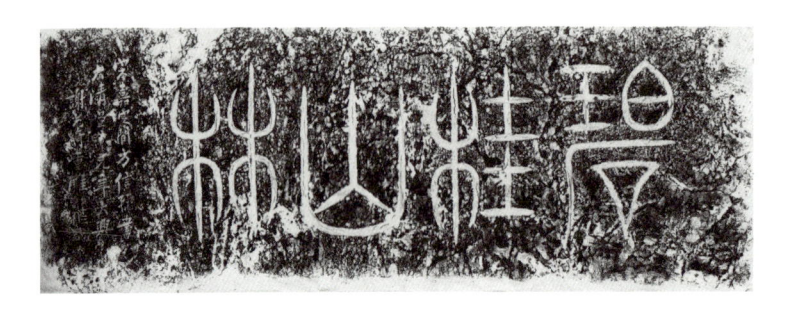

● 宋方信孺"碧桂山林"榜书拓片（桂海碑林博物馆供图）

《千山观》诗云："小立东风紫翠巅，画屏展尽一山川。非关眼界因高别，自是人心逐物迁。"刘克庄也曾题《千山观》诗曰："西巘林峦擅一城，渺然飞观入青冥。于湖数字题华栋，阳朔千山献画屏。境胜小诗难写尽，天寒薄酒易吹醒。独游不恨无人语，满壑松声可细听。"唐宋时期，西山游览兴盛，有资庆寺、超然亭、簪带亭等，管湛多次游千山观，与同事"计使括苍管定夫、帅守巨野李诚之……自资庆腰舆上千山观，憩西峰、中峰"，还"携家登千山观"。绍熙间李子凝尝陪漕使游桂林，"西泛湖山，上来一寓目"。游西山与访隐山六洞、泛舟西湖，是南宋时期热门的旅游路线，"载酒千山观，访招隐，过仙奕"、"游西湖，登千山观，憩云户洞"。"西峰夕照"为桂林八景之一，元代刘志行《西峰晚照》诗描绘其景色："青松翠竹凝烟光，画屏半已归苍茫。牛羊归来尚有日，日光倒射人影长。昔人已远不可返，西山蕨薇春自香。世间万事付一默，回头明月升东方。"

在众多游人中，方信孺算得上是对西山最为钟爱的一个人。方信孺，字孚若，号紫帽山人，南宋兴化军（今福建莆田）人。他两次来桂林，一为年少时侍父宦游至此，二是成年后仕宦于此。在桂期间，修复朝宗渠，资助张自明修宜州龙溪书院，后入祀宜州名宦祠。方信孺工诗词，诗作甚丰，著有《好庵游戏》《南海百咏集》等。方信孺酷爱山水，在广东、湖南等地为官时，游于名山间，留下不少题刻，及至桂林，更是为这里的山水所倾倒，公余徜徉于各名山洞府，"爱山那惜走千回"，醉心于搜罗遗落的胜迹，在游览琴潭岩的题记中说"方孚若再至桂林，历穷胜践，最后始得清秀、玉乳、荔支、琴潭四岩"。其中清秀岩在北宋及南宋初期游人较多，靖康元年（1126）临桂县令唐铎新修了道路，其后又荒废。嘉定七年（1214）方信孺访清秀岩，于石壁发现吕愿忠60年前留下的诗刻，大为感慨并题诗一首："寻遍洞天三十六，苍灵独闷此岩扉。旋除野草开新径，遮莫寒藤刺客衣。岁月偶同题壁字，烟云似不放人归。把茅欲作开山主，已落瞿昙第二机。"

方信孺的脚步遍及桂林各处，连遥远的义宁县（今属临桂）华岩都留下了他的足迹。

对于西山，方信孺不仅多次来游，还在这里修建别墅，打算将来退隐泉林，携家人隐居于此。在千山观附近有地方："有古精蓝□最胜处，丰林灵泉，层□鬐沸，水石之奇奇怪怪，如虎豹之仰伏，凤鸾之翔集，不可以名纪、枚计。又有如台榭者，斩然俯精蓝而中立。"于是他与好友张自明一同在此地修筑别墅，有堂有室，可以居住，也可以赏玩。别墅所在地地势开阔，视野绝佳，远处山川、城郭皆历历在目，美景都在掌握之中。别墅的名称则取自唐贞观间桂林瑞石的故事。唐太宗时，桂州（今桂林）献瑞石，上有文字"圣主大吉，子孙五千岁"，太宗在给桂州都督李靖的诏书中有"碧桂之林，苍梧之野"之语。因此，方信孺将别墅命名为"碧桂山林"，并撰《碧桂山林铭》刻于石。张自明则作碧瑶坛，方信孺也为之作铭刻石。此外，方信孺还在西山开凿池塘，种植白莲。

碧桂山林别墅、碧瑶坛早已湮没在历史的尘埃之中，今天《碧桂山林铭》与《碧瑶坛铭》历经风雨侵蚀，基本无法辨识。唯有《碧桂山林》榜书可见，它是宋代桂林对世人有巨大吸引力的见证。

摩崖位于桂林市西山千山观遗址。高60厘米，宽165厘米。正文篆书，字径41厘米；谢光绮重刊题名行书，字径5厘米。该榜书无年款，宋嘉定间方信孺在西山营建碧桂山林别墅，摩崖或作于此时。《粤西金石略》收录该摩崖，题作"方信孺题碧桂山林"，碑文"碧桂山林"，著录"（碑文）横列，篆书，（字）径一尺许。右刻在临桂西山"。清末，谢光绮对摩崖做了处理，并有记文"宋嘉定间方信孺书，大清宣统元年，大兴谢光绮重雕"。

天下西山多胜迹
——清曹秀先《游西山记》

贵港市桂平西山又名思灵山，或思陵山，因地处城西五里，故名西山，历史上就是著名景点。其山形上窄下宽，绵亘数里，如同倒盖的荷叶，又像从空中倒撒的一张巨网，还像一位端坐的人物，张开双手倚靠在椅子上。在桂平城西十几座山中，唯独西山仪态最为端正。而且周边诸山皆似拱卫西山一般，因此前人将西山视为浔郡之主山，桂平城内各级官署、文庙、学校书院都坐西向东，以西山作为屏障。山中名胜古迹众多，有泉名乳泉，因泉中不时有白色汁液喷出，故名，泉水清冽如同杭州之龙井，但要比龙井甘甜。泉上题石有"刘公泉"三字，又有乾隆间浔州知府胡南藩书"乳泉"二字。李公祠，原名广佑庙，又名郡主庙，又名李侯祠，祀唐代御史李明远，相传他被贬隐居此山中，后羽化登仙，宋时被封为西山郡主广佑灵护王。传说桂平昔日遭虎患，民众遂祷于神，请求神仙消除虎患，后来不知何故虎果然死在庙旁树林里。洗石庵，顺治三年（1646）僧海寿募化修建，康熙三十八年（1699）重修；龙华寺，创建年代无考，或建于清初，乾隆二十四年（1759）知府胡南藩捐资、僧简堂重修，后代又有修复；另有乳泉亭、望雁亭、画亭、楼霞亭、半山亭、望江阁等众多观景设施。张江《思陵怀古》称赞道："胜概浔阳独此山，凭高极目缓跻攀。烟村万里青天外，城郭千家碧水间。古径风来秋已老，仙岩云去月初还。空余眼底清泉在，洗石年年点翠颜。"范梆《西山诗》："琳宇岩峣郡郭西，何缘飞盖蹑丹梯。风传天籁松涛远，烟锁江城树色齐。一雨乍看勤耒耜，四郊犹喜静鲸鲵。胜游取次同颜谢，好把山灵细品题。"茶叶也是西山一大特色，李彦章《西山诗》云："细评泉味茶初熟，杂听乡谈酒不空。"

曹秀先，字冰持，江西新建人，乾隆元年（1736）进士，考取翰林院庶吉士，历官编修、国子监祭酒、江苏学政、吏户工三部侍郎，晋礼部尚书，充《四库全书》馆副总裁，博学鸿文，推重一时，因文学受高宗宠信。为官谨慎、清廉，出仕五十年，家无余赀。卒谥"文恪"，祀乡贤祠。工书法，"书法高古，纯写中锋，力透纸背，人得片楮以为宝"。有《赐书堂稿》《移晴堂四六》《依光集》《使星集》《地山初稿》《省耕诗图》《衍琵琶行》等著作。曹秀先所说"郡守胡植堂表兄"，即浔州（治今桂平）知府胡南藩，他于乾隆间官浔州知府长达九年，在任期间，礼遇士人，爱护百姓，修书院，建学宫，修缮前代祠宇，修治道路桥梁，主持编纂《浔州府志》，对西山的景观建设出力颇多。

在中国，以"西山"为名的山众多，曹秀先提到了三处人文内涵丰富的西山：京师、武昌（今湖北鄂州市）西山和他家乡江西新建县西山。北京西山又名小清凉山，为太行余脉，古代又称

● 清曹秀先《游西山记》拓片（桂海碑林博物馆供图）

为太行之首，山势绵延起伏，层峦叠嶂，是一道天然屏障，在西面拱卫着北京城。北京西山是历代游览胜地，山中寺庙众多，一年四季景观分明，春夏花木繁盛，绿树成荫，鸟鸣花香；秋天落叶纷飞；冬季白雪覆盖，银装素裹，"西山霁雪"为北京八景之一。武昌西山，即今湖北鄂州市西山风景区，北邻长江，山上有6条谷涧，古代也称寒溪、樊山，历史悠久，名胜古迹众多，人文历史厚重。三国时，东吴孙权在今鄂州建都，西山为皇家苑囿，陶侃、二苏、岳飞直至近代以来张之洞等名人文化遗迹丰富，历代文人留下颇多记颂诗文，著名的有苏东坡《武昌西山诗》、苏辙《武昌九曲亭记》。新建县西山，又名厌原山、南昌山等，为道教名山，相传许真君（许逊）在此山修炼得以飞升，道教正一派分支净明道祖庭位于此山。它是道教三十六小洞天之第十二小洞天，名天柱宝极玄天洞，也是七十二福地之第三十八福地。

曹秀先将北京、鄂州、新建和桂平四处西山进行了比较，本着公正的原则，认为从山林谷壑之美、山势之奇特雄伟等方面来看，桂平西山略逊一筹，比不了前面三处西山。从形势上看，桂平西山左右有黔江和郁江环抱，与鄂州西山类似，在城市附近有这样的好地方，真是神灵的赐福。曹秀先通过对比的方式，表明了他对桂平西山的认可。

碑刻位于贵港市桂平市西山龙华寺，分刻四石。总宽190厘米，高114厘米。行书，字径8厘米。刻于乾隆二十三年，公元1758年。

传统山水审美的结晶
——民国胡桱、张衍曾《富川八景》诗

八景文化是中国传统山水审美的重要体现，它以自然环境和景观为基础，融合了人文、建筑等文化元素，将某一地域的风景名胜以高度凝练的四个字为题命名，被命名的景点以八个为主，也有六个、十个等其他双数。八景文化具有很强的地域性特征，其影响一直持续到今天。

一提起八景文化，人们往往就会想起苏东坡与"虔州八境"。今江西赣州在北宋时为虔州，宋仁宗嘉祐间（1056—1063）孔子的46代孙孔宗瀚主政虔州，为防止州城被江水侵蚀，改用砖石筑城，并在城墙上建观景台，即八境台。在台上放眼望去，虔州四方美景尽收眼底。孔宗瀚不仅在台上观景，还将各处景观绘成图，是为《虔州八境图》。后来，孔宗瀚请苏东坡为《虔州八境图》题诗，苏东坡为每处景点题诗一首，共八首，还写了序言，孔宗瀚命人将苏东坡题诗刻于八境台。多年后，孔宗瀚已经去世，而苏东坡也被贬岭南，路过虔州，登临八境台，被眼前的景色所震撼，感觉自己原来的题诗远远不能表达虔州八境的美，随

即补作一篇后叙。虔州八境也在他的宣传下广为人知。

学者一般认为八景文化起源于南北朝时期，在北宋中后期各地八景文化已经发展到比较成熟的程度，"虔州八境""潇湘八景"是北宋各地八景文化定型的典型代表，此时八景文化基本定型。其后八景文化随着中华文化向外输出，在日本、朝鲜、越南等中华文化圈地区落地生根，被竞相仿效，成为一种文化风尚。

明清时期，总结设立八景成为地方风尚，不同等级的行政区划内都有自己的八景，甚至一个名胜之区也有八景。随着时代变迁，还会出现新旧（老）八景。当然也有一些地方会出现四、六、十景，其数字虽然不是八，但仍然属于八景文化的范畴。

富川县地处桂、湘、粤三省交会处，是潇贺古道重要途经地，凭借2000多年的建置史，积累起丰富的自然景观和深厚的人文历史。

西屏山，位于富川古城西面，是五岭之一的都庞岭之余脉，是富川县城重要屏障，古时被称为本县之镇山，即主山。其山势自北向南绵延上百里，峰峦排列，直插云霄，称"屏峦耸翠"。

富江，又称富川江，是贺江上游，发源于麦岭镇。富江干流流经富川、钟山二县，至贺州与大宁河汇合后称贺江。富江从富川县城奔腾而下，成为城市的一个景观，人们总结为"富水奔涛"。

瑞光塔，俗称观音塔、观音阁，位于县城慈云寺后。始建年代不详，明中期已经存在，此后历经多次重修。塔为7层楼阁式六角形砖塔，高28米，顶层六面有窗，登塔远眺，可观"富川八景"中的"富水奔涛""屏峦耸翠"和"山泉飞瀑"三景。瑞光塔立于富江边平地之上,高耸入云,因此叫"塔影穿云"。

西屏山水源丰富,上有白水源瀑布。飞瀑直下,为富川一大景致,曰"山泉飞瀑"。

独秀峰位于朝东镇秀水村,是该村的主山。秀水村自然风光秀丽,文化底蕴深厚,自唐宋以来,出过1名状元、26位进士,是著名的"状元村",入选第一批中国传统村落。独秀峰耸峙秀水村后,为秀水屏障,登临而上,清凉舒爽,称"秀峰挹爽"。

钟山县古代隶属富川,至民国五年(1916)设立钟山县。钟山县城驻地属富川之钟山镇,经济发达,人口稠密,耕地广阔,炊烟旺盛,故称"钟镇耕烟"。

● 民国胡柽、张衍曾《富川八景》诗(作者供图)

麦岭镇位于富川县城北部，与湖南江华、江永相邻，是湘桂古道要隘之一，军事地位重要。为加强对地方的控制，清雍正八年（1730）在境内设立"麦岭营"（其遗址今属麦岭中学和麦岭中心校），设都司（正四品的中级武官）一员，编制310名，包括步兵、骑兵等。军队日常操练也成为当地一景，名为"麦岭团操"。

富江流经今平桂区黄田镇（古属富川）时出现了180度大转弯，流向由东转西，该地故称西湾。西湾在古代就有矿场，冶炼锡矿，由水路外运。此地渔船、货船、客船密集，形成一景，称"西湾放艇"。

富川八景包含了自然景观和人文景观，是古人对富川秀美自然风光和厚重历史文化的凝练总结。

碑刻位于富川瑶族自治县慈云寺。高30厘米，宽101厘米。碑题篆书，字径5厘米；正文行楷书，字径1.5厘米。刻于民国元年，公元1912年。

近代风云的见证者
——民国岑春煊《雁山园记》

  雁山园又名雁山别墅，位于桂林市桂阳公路边的雁山镇上。雁山园始建于清同治八年（1869），南北长500多米，东西宽330多米，占地面积达15公顷。雁山园的第一代主人是今雁山区大埠乡大岗埠村人唐岳。唐家是清代中后期当地世家大族，其发迹的重要人物唐仁是嘉庆十七年（1812）进士，任知县。后来他以母亲年老，改任教职，在广西柳州等地担任府学教授，后升任内阁中书。唐仁退休后，正值太平天国运动爆发，他积极创办团练，朝廷因其"守土有功"，赏赐他四品衔。唐仁在乡里口碑极好，据地方志记载，他十分孝顺，为整个唐氏家族的发展花费很大心力，建立了祠堂，置办祭田，重视后代教育。他领导的团练武装纪律较好。唐仁的儿子们在父亲的基础上，又有了更大的发展。次子唐岳，原名唐启华，字仲方，号子实，道光二十年（1840）广西乡试高中解元；三子唐启荫为咸丰九年（1859）进士，官至道台；四子唐启藩被授予员外郎的职衔。唐岳与唐启荫协助其父办理团练，其中唐岳出力较多，受到广西巡抚劳崇光的赏识和重

● 民国岑春煊《雁山园记》（作者供图）

用，负责总理广西全省团练事务，后因功被授予鸿胪寺卿衔。

唐岳晚年在距离祖宅不远的地方，花费巨资，大兴土木，历十数载建造了一座规模宏大的私家园林。园内山水皆依天然之势，有田有池，可耕可渔；园内主要建筑有涵通楼等，其中涵通楼为雁山园主楼，气势恢宏，里面有丰富的藏书。承雁（澄砚）阁是主人的起居之所。另外各处景点还散布亭台水榭，溪流之上建有石桥。光绪宣统之际桂林人刘名誉在《纪游闲草》中对雁山园进行了详尽的描述，给予了极高的评价。可惜唐岳后代子孙不能守业，园林荒废，大约在光绪末年售出该园。

雁山园的第二代主人是清末民初风云人物岑春煊。岑氏为广西西林人，家世煊赫，一门三总督（岑春煊本人、其父岑毓英、叔父岑毓宝皆官至总督）。岑春煊在清末政坛左右逢源，先后得到光绪皇帝和慈禧太后的赏识，一路升迁，官至两广总督，其后在官场斗争中失败，罢职寓居上海。民国之后，依然活跃。岑氏在山西创立了山西大学堂（山西大学前身），为纪念创办之功，山西大学将其塑像立于校园中。其晚年曾捐资支援十九路军抗战。雁山园归于岑氏后，一度称西林花园，岑春煊也做了部分修缮。岑氏购买雁山园的缘由，用他自己的话说是"非欲专之，实欲存之"。但因他常年居住上海，无暇顾及，为了能实现他保存此园的愿望，1929年，他决定化私为公，将此园捐赠给当时的广西省政府作为公园，其后该园更名为雁山公园。民国年间，众多名人曾造访于此，中国民主革命的先驱孙中山、著名学者胡适、国民政府主席林森都留下了足迹。胡适为相思岩命名，并有小诗一首："相思江上相思岩，相思岩下相思豆，三年结子不嫌迟，一夜相思叫人瘦。"林森题写了"山明水秀"四字榜书刻于相思岩口。

雁山园归于政府之后，迎来了它的一次重要嬗变，由园林变为校园。1932年3月筹办广西省立师范专科学校（广西师范大学前身）于雁山园，并于当年10月正式开学。1936年广西大学本部文法学院迁入雁山园，广西省立师范专科学校并入广西大学，1938年10月广西大学理学院迁入雁山园，1939年广西大学被确定为国立大学。此时的雁山园，学者云集，大师汇聚，李达、陈望道、王力、陈焕镛、陈寅恪等一大批著名教授先后到校任教，学校综合实力得到显著提高，成为国内有影响力的综合性大学。

也正是在这里，陈寅恪先生在给邓广铭先生《宋史职官志考证》所作的序言里写下了那段"华夏民族之文化，历数千载之演进，造极于赵宋之世。后渐衰微，终必复振……"的名句，前一句最为人们津津乐道，时常用来形容宋朝文化之昌盛。

中华人民共和国成立后，雁山园依然长期作为校园发挥功能。因为办学的缘故，雁山园也多次被改造，第一次是筹建广西省立师范专科学校时，大量的景观设施被拆掉，填湖造地，新建教学楼、宿舍楼、食堂等建筑。其后，广西大学办学期间，再次对雁山园进行改造，拆除了涵通楼前的戏楼，在原址上修建了大学礼堂，此外还增建了几处建筑物，如汇学堂、明志楼、燕宁居、西林纪念亭等，现今仍存。

而今的雁山园，再次迎来蜕变的机会。桂林市对雁山园进行了修缮、修复工作，并成立雁山园管理处专司管理工作。相信雁山园终有一天能再现一代名园的辉煌。

摩崖位于雁山园相思洞。高126厘米，宽196厘米。隶书，字径9厘米。